Petra Gagel

DIE SCHÖNSTEN AUSFLÜGE

CABRIO-ROUTEN

durch die Alpen

J. BERG

Inhalt

Sie lümmeln sich auch am Straßenrand, die bayerischen Kühe. Deshalb: Gas weg auf schmalen Straßen!

Die Sonne im Auto, die Berge am Himmel – Fahrspaß mit allen Sinnen.

Spitzenlagen – die Alpen im Cabrio

Faszination Alpen: Weiße Gipfel, zerklüftete Felsen, rauschende Wasserfälle, kristallklare Bergseen, saftige Weiden, braun gescheckte Kühe, rustikale Bauernhöfe – im größten und höchsten Gebirge Europas gibt es viel zu er-fahren.

Auf einer Gesamtlänge von 1200 Kilometern und einer Breite von 200 Kilometern durchziehen die Alpen sechs Länder. Einige dieser Länder werden in diesem Cabrio-Führer mit ihren attraktivsten Routen vorgestellt.

Mit dem Cabrio im Alpenraum unterwegs zu sein, ist etwas ganz Besonderes. In erster Linie bedeutet es: Genuss! Entlang der Deutschen Alpenstraße riecht man die Blumen und Kräuter der scheinbar unendlich grünen Weiden des Allgäus, in der Zentralschweiz

Viele Seen bei der Spritztour durch die Bergwelt: Aus den Höhenlagen fließt das eisige Wasser in blitzblaue Gewässer.

schraubt man sich auf engstem Raum Kehre um Kehre zu den ewig weißen Gipfeln hinauf. In Südtirol und im Norden Italiens erlebt man auf abenteuerlichen Passstraßen eine unvergleichliche Mischung aus südländischem Charme und alpiner Schroffheit.

Südbayerische Spitzen

Der deutsche Anteil an den Alpen beschränkt sich auf einen schmalen, kaum mehr als 20 Kilometer breiten Streifen im Süden Bayerns. Dieser erstreckt sich zwischen der Schwäbischen Alb, dem Bayerischen Wald und den Nördlichen Kalkalpen.

Bei Garmisch-Partenkirchen ragt der höchste Berg Deutschlands, die Zugspitze (2962 m), steil in die Höhe. Die Region beherbergt eine Prachtlandschaft – gleichermaßen reich an Natur und Kultur.

Die Deutsche Alpenstraße schlängelt sich auf rund 500 Kilometern, ausgehend von Lindau, bis kurz vor Salzburg durch die sanft geschwungenen Hügel und bizarren Bergkuppen, vorbei an zahlreichen Bergseen.

Grüne Weideflächen, so weit das Auge reicht – und zahlreiche Kulturdenkmäler, wie die Schlösser des Märchenkönigs Ludwig II. oder die Wieskirche im Pfaffenwinkel und das berühmte Kloster Ettal. Dabei erlebt man traditionsreiche bayerische Städte wie z. B. Garmisch-Partenkirchen, Tegernsee oder Berchtesgaden mit seinem Salzbergwerk.

Österreich – Land der Berge

Österreich wird nicht umsonst (auch in der Nationalhymne) als das »Land der Berge« bezeichnet: Die Ostalpen nehmen zwei Drittel des gesamten Staatsgebiets ein. In drei, durch Längsfurchen eindeutig unterscheidbaren Zonen durchziehen die Ostalpen Österreich: Das sind die Nördlichen Kalkalpen, die Zentralalpen und die Südlichen Kalkalpen.

Rund um den Dachstein breitet sich das bekannte Salzkammergut aus. Die Landschaft zog mit ihren Reizen schon Kaiser Franz Joseph I. in seinen Bann. Er baute den Kurort Bad Ischl zu seiner Sommerresidenz aus und verlieh damit der Seenplatte rund um Attersee, Traunsee, Hallstätter See, Mondsee und Wolfgangsee einen mondänen Glanz, der auf den Seepromenaden zwischen Gmunden und St. Gilgen auch heute noch gegenwärtig ist.

Der bekannteste Teil der österreichischen Berge sind die Zentralalpen. In ihrem Verlauf findet man die höchsten Gipfel, die längsten Gletscherzungen, die schwierigsten Kletterpartien und auch die

Manchmal holprig: der Asphalt. Das tut aber dem Spaß keinen Abbruch.

IM NOTFALL

DEUTSCHLAND
Pannenhilfsdienst des ADAC: Tel. 0180/222 22 22 (Mobil 22 22 22)
Polizei: Tel. 110
Unfallrettung: Tel. 112

ITALIEN
Pannenhilfsdienst des ACI: Tel. 116 (Mobil 800 11 68 00)
Polizei und Unfallrettung: Tel. 112 (Mobilfunk 112)

ÖSTERREICH
Pannenhilfsdienst des ÖAMTC: Tel. 120
Polizei: Tel. 133
Unfallrettung: Tel. 144 oder 112 (Mobilfunk 112)

SCHWEIZ
Pannenhilfsdienst des TCS: Tel. 140
Polizei: Tel. 17 oder 117 (Mobilfunk 117 oder 112)
Unfallrettung: Tel. 144

MAUTPFLICHT

ITALIEN

Mautpflicht auf allen Autobahnen. Kassiert wird (pro km umgerechnet ca. 0,05 Euro) an den Mautstellen an den Abfahrten. Bezahlt werden kann auch mit Kreditkarte oder Visacard.

ÖSTERREICH

Mautpflicht auf allen Autobahnen. Die Kosten für Pkws (Stand 2013) betragen für ein Jahr 80,60 Euro, für zwei Monate 24,20 Euro, für 10 Tage 8,30 Euro. Die Vignetten sind an der Grenze, bei Tankstellen, Postämtern und Automobilclubs erhältlich.

SCHWEIZ

Autobahnen dürfen nur mit einer gültigen Vignette befahren werden, erhältlich als Jahresvignette für umgerechnet ca. 33 Euro (Stand 2013) an der Grenze, bei Tankstellen, Postämtern, Werkstätten und Automobilclubs.

Ohne Karte sollte man sich nie »on the road« begeben.

schönste Alpenflora. Das Kernstück dieser Gebirgsformation ist das sogenannte Tauernfenster zwischen Brenner und Matrei. Hier gipfelt auch der höchste Berg der Alpenrepublik, der Großglockner (3797 m). Westlich des Tauernfensters erstrecken sich die Silvretta und die Ötztaler Alpen.

Ewiges Eis, Täler und Seen – die Schweiz

Die Schweiz, amtlich eigentlich die deutsche Schweizerische Eidgenossenschaft, ist das Land des ewigen Eises. Etwa 100 Gipfel reichen an die 4000-Meter-Grenze heran oder überschreiten sie. Die Dufourspitze im Monte-Rosa-Massiv (Kanton Wallis) ist mit 4634 Metern der höchste Berg der Schweiz. In Höhen von 3000 Metern und mehr bleibt die weiße Pracht zum großen Teil als Dauerschnee liegen.

Charakteristisch für die Schweiz sind auch die Gletscher. Von dem ursprünglichen Eismeer, das vor Jahrtausenden das schweizerische Mittelland vollständig bedeckte, sind heute immerhin noch 120 Gletscher übrig. Die Gesamtfläche aller Schweizer Gletscher beträgt 1356 Quadratkilometer. Die Alpen nehmen 60 Prozent des Schweizer Staatsgebiets ein. Sie umfassen die zentralen Alpen und die nördlichen Voralpen.

Italiens Zacken

Auf der italienischen Seite der Alpen klingt alles noch vertraut deutsch. Die höchsten Gipfel stehen hier in Südtirol. Richtung Gardasee und Venetien laufen die Höhen langsam aus. Wenn man vom »italienischen Teil der Alpen« spricht, dann meint man gemeinhin die Dolomiten. Sie sind ein Teil der südlichen Kalkalpen, die zwischen den Flüssen Eisack, Etsch und Piave verlaufen. Die höchste Erhebung in den Dolomiten ist die Marmolada (3342 m), und bekannt ist auch der knapp 3000 Meter hohe Rosengarten.

Die weißen Spitzen der Dolomiten erlebt man am schönsten auf der Großen Dolomitenstraße von Bozen nach Cortina d'Ampezzo, einer 110 Kilometer langen Panoramastrecke. Die Straße war ein Geschenk der Bewohner an Kaiser Franz Joseph I.

Reisezeit

Touren im südlichen Teil der Alpen sind bereits ab April möglich – ebenso eine Fahrt entlang der Deutschen Alpenstraße, auf der man relativ wenige Höhenmeter zurücklegt. Die nördlichen Routen in der Schweiz, in Österreich und Italien sind nicht vor

Mai empfehlenswert, da es in den höheren Lagen noch unangenehm kühl sein kann und Straßen wegen Schnee noch nicht befahrbar sind. Die Cabrio-Saison geht mit dem Oktober zu Ende (s. Öffnungszeiten der Pässe).

Unten ist es heiß, oben weiß – und fast ein bisschen kühl: Die Pässe in luftigen Höhen.

Pässe

Fernpass, Radstädter Tauern, Katschbergpass, Malojapass und Passo Pordoi sind ganzjährig geöffnet. Timmelsjoch, Passo San Bernardino und Passo dello Spluga sind von Juni bis Oktober befahrbar, der Oberalppass von Mai bis November und der Passo dello Lucomagno von Juni bis 11. November.

Achtung: Aufgrund von sich plötzlich verändernden Witterungsumständen können sich die Passöffnungszeiten ändern. Informieren Sie sich deshalb stets vor Reiseantritt (Auskunft im Internet unter www.ace-online.de/touristik)!

Da freut sich das Auge: Bayerische Prachtlandschaft mit unendlichen Weiden, Zwiebelturm-Spitzen und den Alpen.

Hinter München öffnet sich das Voralpenland, das einen breiten, landschaftlich reizvollen Gürtel mit unendlichen Weiden, unzähligen kleinen und großen Gewässern – von der oberbayerischen Seenplatte bis zum Bodensee – bietet.

Touren in Deutschland

1 Viel Seen!

Durch das oberbayerische Gewässerland bis nach Österreich

■ **Etappen:**
Starnberg – Feldafing – Tutzing – Seeshaupt – Iffeldorf – Antdorf – Habach – Aidling – Riedsee – Murnau – Kochel am See – Walchensee – Wallgau – Vorderriß – Fall – Achenkirch

■ **Anreise:**
Ausgangspunkt Starnberg: Ab München A 95 Richtung Garmisch-Partenkirchen bis Ausfahrt Starnberg

■ **Länge:**
Ca. 120 km

■ **Dauer:**
1–2 Tage

■ **Essen & Trinken:**
Im Oberbayerischen ist die Küche deftig: Weißwürste mit süßem Senf und Brezen, dazu Weißbier oder Leberkäs und Kartoffelsalat, Presssack sauer, Obazda (Camembert mit Butter, Zwiebel, Paprika), Schweinsbraten mit Knödel und Sauerkraut. Die Süßspeisen sind bekannt: von Apfelstrudel über Kaiserschmarrn, von Germknödel bis Kücherl.

■ **Unterkunft:**
In Achenkirch: Fischerwirt am Achensee*** (Wellnesshotel mit Seeblick), Nr. 15, A-6215 Achenkirch, Tel. +43/(0)5246/62 58, www.fischerwirt-achenkirch.com

Südlich von München öffnet sich ein Viel-Seen-Land: vom kleinen, unberührten Riegsee über die »Promi-Badewanne« Starnberger See bis zum Gebirgsgewässer Achensee.

Die kleine Stadt Starnberg kennt nicht nur jeder Münchner: Der Ort, der knapp 20 Kilometer südlich der Landeshauptstadt ge-

Zwischen den grünen Wiesen leuchtet es immer wieder blau oder smaragdgrün: das Seenland.

wachsen ist, ist vor allem wegen seines Sees bekannt – und wegen seiner Stars und Sternchen, die dort eine Villa mit Blick auf das 21 Kilometer lange Gewässer besitzen. Nicht, dass man Heiner Lauterbach beim Weinschlürfen auf der Veranda zuwinken könnte – aber zu sehen gibt es trotzdem viel von Starnberg bis Seeshaupt.

Am Ortsende von Starnberg muss man aufpassen, schließlich will man ja direkt am Wasser entlangfahren. Um auf die schmale Landstraße zu gelangen, muss man sich Richtung Feldafing halten. Auf der Fahrt bis zur Uferstraße wird man unfreiwilligerweise zum Voyeur: Unwiderstehlich ziehen die opulenten Häuser die Blicke an. Die Straße wird zur Nebensache, und Anwesen, die

Sehenswürdigkeiten:
Herzogstandbahn Walchensee: Die Gondel fährt täglich 8.45–16.45 Uhr auf den Fahrenbergkopf auf 1627 m; eindrucksvoller Rundblick auf die Berge und Seen.
Bernried: Buchheim Museum, Am Hirschgarten 1, 82347 Bernried, Info-Tel. 08158/99 70 60, Tel. 08158/997 00, www.buchheimmuseum.de; Öffnungszeiten: April–Okt. von Di–So und an Feiertagen 10–18 Uhr, Nov.–März von Di–So und an Feiertagen 10–17 Uhr
Murnau: Mit 36 km² größtes Moorgebiet in Bayern; vom Zentrum aus führt ein 12 km langer Rundweg durch die Mooslandschaft.
Schlehdorf/Freilichtmuseum Glentleiten: 30 ländliche Gebäude (u. a. Bauernhäuser, Mühlen, Scheunen, kleine Kapelle) zeigen Lebensbedingungen des 19. Jh.; geöffnet: April–Okt. von Di–So 9–18 Uhr (Einlass bis 17 Uhr), Auskunft Tel. 08851/185 10, www.glentleiten.de

Informationen:
Tourismusverband für München und Oberbayern, Postfach 60 03 20, 81203 München, Tel. 089/82 92 18-0, www.oberbayern.de; Österreich Werbung, Mannheimer Str. 15, 60329 Frankfurt, Tel. 069/24 24 25 24, www.austria.info.at

Oben: Schon ganz verwittert, das Hinweisschild: auf Wald- und Wiesenwegen nach Aidling

Unten: Nah am Wasser: Nur die Leitplanke trennt vom kühlen Nass.

Tipp

Idyllisch von München nach Starnberg: Ab München-Fürstenried (A 95) über Neuried und Gauting auf gemütlicher, kleiner Straße. Von Starnberg ist auch ein Abstecher zum berühmten, 1455 gegründeten Kloster Andechs mit seiner Brauerei möglich.

hinter Hecken und Bäumen verborgen sind, regen die Fantasie an. Wer hier wohl wohnen mag? Auch wenn niemand Bekanntes zu erspähen ist, lohnt es sich, die ausgefallene Architektur der Bauwerke zu bewundern.

Sonnenhungrige auf Holzstegen

Auf der Seestraße entfernt man sich Kilometer um Kilometer vom Starnberger Chic. Als wäre der See ebenfalls etwas Exklusives, zeigt er seine Oberfläche von hier aus nur selten. Zwischen den Bäumen hindurch erhascht man hin und wieder einen Blick auf das glitzernde Wasser und auf die zahlreichen Sonnenhungri-

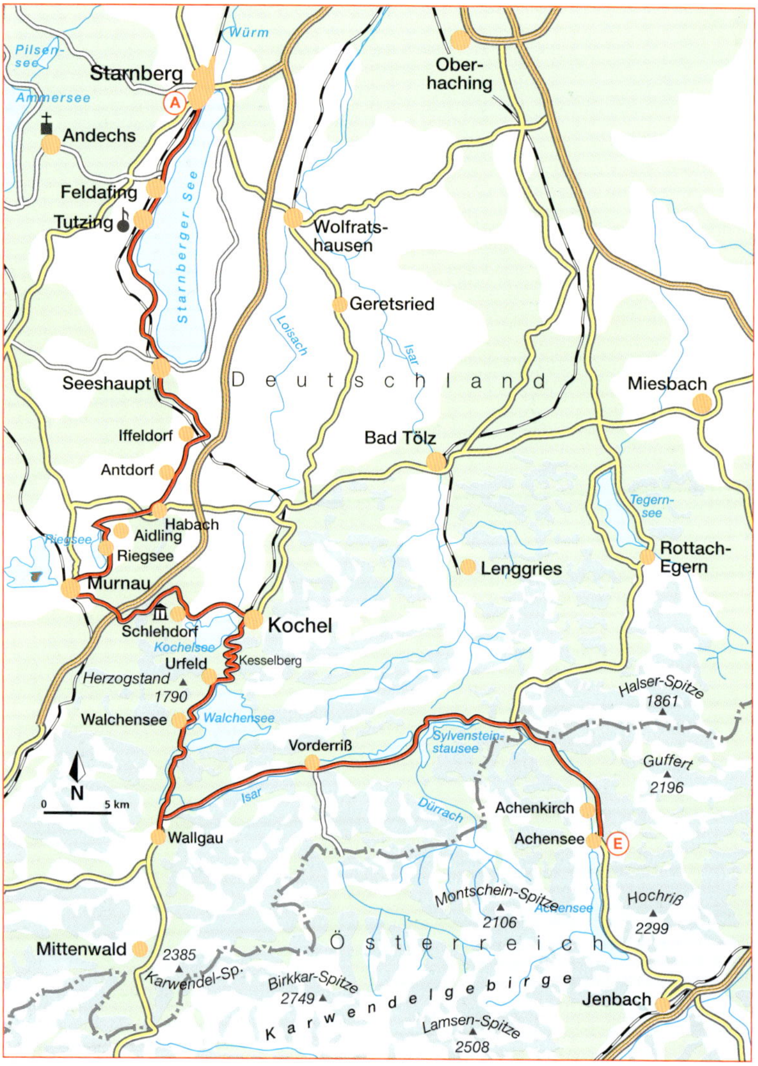

Pause! Auf einer Bank kann man sich von der Ruhe des Kochelsees verzaubern lassen.

gen, die es sich auf Holzstegen bequem gemacht haben. Besonders an heißen Tagen ist die Fahrt entlang der Westseite des Starnberger Sees sehr angenehm. Man manövriert das Cabrio durch sich windende Laubwaldgassen. Der Schatten sitzt mit im Wagen, die Sonne malt nur gelbe Flecken auf die Köpfe der Insassen. Auf eine Mütze als Schutz vor der Sonne kann man hier gut verzichten.

Tutzing ist mehr als 1200 Jahre alt. In einem prächtigen, sich zum Seeufer hinziehenden Park liegt das Tutzinger Schloss. Hier auf dem Land erlebt man noch echtes bayerisches Brauchtum. Weißblau geringelt wachsen die Maibäume im Ortskern in die Höhe. Die Fenster der mit Holz überladenen Häuser sind mit Malereien umrandet – ein heimeliges und uriges Bild, wie es auch die Biergärten vermitteln. Bei Sonnenschein sind die Plätze unter Kasta-

Kurvenreich schmiegen sich die Straßen an die Seen.

nien und Sonnenschirmen immer gut besetzt; bei einem Glas Weißbier genießt man die bayerische Gemütlichkeit.

21 kleine Wasserbecken

In Seeshaupt hat man die südliche Spitze des Sees erreicht. Ein neues Gewässer will entdeckt werden. Im Fall der Osterseen sind das 21 kleine Wasserbecken, die sich in der Nähe von Iffeldorf ausbreiten. Mit dem Auto kann man allerdings nicht direkt bis an die Ufer fahren – das gesamte Gebiet steht unter Naturschutz. In Iffeldorf besteht die Möglichkeit, den Wagen abzustellen und in 15 Minuten zur Seenlandschaft zu wandern.

Wer lieber den Fuß auf dem Gaspedal lassen will, wird auch auf der weiteren Strecke von der Landschaft verwöhnt. Was nicht geteert ist, leuchtet in sattem Grün mit bunten Punkten, denn die Dörfer sind von riesigen Weideflächen umgeben, auf denen pinkfarbener Klee neben gelben Butterblumen blüht.

Das nächste kräftige Blau naht bereits. Über Antdorf, Habach und Aidling (Richtung Murnau) erreicht man den Riegsee. Kaum breiter als das Cabrio ist die Straße, die durch hügeliges Land dorthin führt. Vor der Motorhaube beobachtet man immer wieder Rennradfahrer, die auf ihren schmalen Reifen mit beachtlicher Geschwindigkeit den Berg hinauftreten.

Der kleine Riegsee hat schon allein deshalb einen besonderen Reiz, weil er nur von Schilf und Gras umgeben ist. Er ist gerade mal einen Kilometer breit und 2,5 Kilometer lang, gespeist wird er aus unterirdischen Quellen. Man fährt den See von Norden nach Süden entlang, bis Murnau auftaucht, bekannt für das hier stehende Kandinsky-Haus.

Smaragdgrünes Wasser

Von hier ist es nicht mehr weit bis zum Kochelsee. Während der Riegsee menschenleer war, hat man in Kochel immer Gesellschaft: Auf der Promenade entlang dem Gebirgssee laufen Pärchen Hand in Hand, stählen Fahrradfahrer vor schöner Seekulisse ihre Muskeln. Von den Bänken an der Uferpromenade blickt man hinauf zur Kesselberghöhe, hinter der sich der Walchensee verbirgt.

Der 36 Kurven über Kochel gelegene See ist doppelt so groß wie sein Nachbar, der rund 200 Höhenmeter unter ihm liegt. Auf der sechs Kilometer langen Kesselbergstraße darf man das Lenkrad kräftig drehen. Der Walchensee ist der größte und mit 192 Metern auch der tiefste Bergsee Deutschlands. Im smaragdgrünen Wasser spiegeln sich die Berge ringsherum – blickt man direkt auf die Oberfläche, sieht man durch das klare Wasser bis auf den Grund. Selbst in den Sommermonaten gehört zum Sprung ins kühle Nass allerdings auch eine gute Portion Überwindung. Über dem See thront der Herzogstand, der mit einer Gondel zu erreichen ist; von seinem Gipfel in 1800 Metern Höhe lässt sich das Seenland prima überblicken und noch eine Spur reinere Luft atmen.

Egal, ob per Schiff oder Cabrio: am Achensee entlang

Zum Seehof-Wasserfall

Beim Hotel Achenseehof (östlich der Bundesstraße, bei Achenkirch) dem Schild »Wasserfall« folgen. 15 Minuten Gehzeit zum größten Wasserfall Achenkirchs.

Rechte Seite, oben: Es glitzert so verführerisch, man möchte am liebsten sofort eintauchen. Doch besonders warm sind die Bergseen nicht.

Rechte Seite, unten: Für Verliebte wie geschaffen, die idyllischen Seen.

Unten: Einen »Drive-in« gibt es am Achensee noch nicht. Für einen Zwiebelrostbraten und eine kühle Halbe sollte man etwas Zeit mitbringen.

Auf schmaler Straße durch den Wald

Ein Fahrleckerbissen bahnt sich hinter Wallgau an: eine Privatstraße, die entlang der Isar bis nach Vorderriß führt. Schon bevor man das Kassenhäuschen erreicht, wird es eng. Man muss in Hofeinfahrten ausweichen, um den Strom der Genussfahrer vorbeizulassen. Die zu zahlende Gebühr lohnt sich. Auf einer schmalen Straße durchquert man ein Waldstück. Lichtet sich das Gehölz, kann man den Lauf der Isar verfolgen, die ein breites Kiesbett umgibt. Man passiert kleine Holzbrücken mit dem Namen »Sausender Graben«. Manchmal muss man bei Gegenverkehr so weit rechts fahren, dass man die Blätter von den Büschen pflücken könnte. Auf dem breiten Isarkiesbett aalen sich Dutzende von Sonnenhungrigen und blinzeln in die erste Frühlingssonne.

Ab Vorderriß wird die Straße wieder breiter. Mit 100 km/h kann man hier bequem am Sylvensteinstausee vorbeirauschen. Parkplätze laden aber auch zu einer kurzen Rast ein, wenn man Lust hat, die grün schillernden Schattierungen des Wassers zu betrachten. Spätestens bei der Fahrt auf der Brücke mitten über den See, kann man nach links und rechts den Blick über das riesige Gewässer schweifen lassen.

Den See immer vor Augen

Das nächste Ziel ist der Achensee. Zum ruhenden Gewässer hin geleitet der Achenbach das Cabrio nach Österreich. Die Straße auf das Karwendelgebirge zu ist so angenehm zu fahren, dass man in Windeseile das Blau des Wassers leuchten sieht. Das Karwendel ist mit 730 Quadratkilometern das größte geschlossene Naturschutzgebiet Europas. Entlang dem Rofangebirge kann man den Achensee auf einer gut ausgebauten Straße umrunden – ohne dass man dabei den See aus den Augen verliert. In Maurach lässt man den See hinter sich und steuert auf das Inntal zu.

2 Die unendlichen Weiden

Auf der Deutschen Alpenstraße von Lindau nach Garmisch

■ Etappen:
Lindau – Scheidegg – Oberstaufen – Immenstadt – Pfronten – Füssen – Schwangau – Steingaden – Oberammergau – Ettal – Oberau – Garmisch-Partenkirchen

■ Anreise:
Ausgangspunkt Lindau: ab Kreuz Ulm-Elchingen A 7 bis Memmingen, dann A 96 bis Lindau

■ Länge:
Rund 150 km

■ Dauer:
1 Tag

■ Essen & Trinken:
Die traditionelle Allgäuer Küche besteht aus Zutaten, die es früher ausreichend und billig gab: Eier, Mehl, Milch, Fett und Sauerkraut und was im Bauerngarten an Kräutern und Gemüse wuchs. Dementsprechend gibt es ein breites Spektrum von Mehlspeisen und anderen einfachen Gerichten. Das berühmteste Erzeugnis ist wohl der Käse, der in den vielen Sennereien (Hinweisschilder an der Straße beachten) hergestellt wird. Tipp: Die Käsereigenossenschaft Bremenried e. G. ist eine der letzten Original-Sennereien im Allgäu, die ihre Produkte noch nach alter Tradition und Rezepten in Handarbeit herstellt (Bregenzer Str. 96, 88171 Weiler im Allgäu, Tel. 08387/ 26 58, www.kaese-bestellung.de). Zudem ist das Allgäu für seine Spätzle be-

Sanft geschwungene Hügel, Wiesenkräuter und malmende Kühe, so weit das Auge reicht: Der westliche Teil der Deutschen Alpenstraße, der von Lindau bis Garmisch-Partenkirchen verläuft, ist ein Natur-Autokino der Extraklasse, aber auch kulturhistorisch mit den Königsschlössern sowie der Wieskirche und Kloster Ettal ein Leckerbissen. Nicht umsonst wurde sie 1937 als eine der ersten Touristenstraßen gebaut.

Kurz hinter Lindau beginnt das Open-Air-Vergnügen. Die B 308 schaukelt sich durch ein Waldstück auf eine Höhe von 400 Metern. Der Himmel besteht aus Bäumen, und ohne Verdeck ist es selbst im Sommer ein bisschen kühl. Nach 15 Minuten Kurventraining lichtet sich der Wald, und die Straße schlängelt sich nun in sanften Windungen nach Scheidegg. Im Ort sind die ersten bunt bemalten Häuser mit der für die Region traditionellen Schindelverkleidung zu sehen.

Bis Oberstaufen sollte man nun das Gas etwas zurücknehmen und gemütlich durch die knallig grüne Prachtlandschaft mit wunderschönen Ausblicken in kleine Täler cruisen. Dabei passiert man das Bergstädtchen Lindenberg. Im 19. Jahrhundert ging es hier hoch her: »Klein Paris« nannte man den Ort, in dem Strohhüte entworfen und hergestellt wurden, die sogar Weltruhm erlangten.

Einen Stopp wert: die Wieskirche, die »Wallfahrtskirche zum gegeißelten Heiland auf der Wies«

Unten: »Lost im Allgäu« – bei diesem herrlichen Idyll nur halb so dramatisch

kannt: von den Kässpatzen über Krautspatzen bis hin zu Brätspätzle. Außerdem: deftige Schupfnudeln, die traditionell mit Sauerkraut serviert werden, aber auch süß mit Zucker und Mohn, sowie Dampfnudeln, ein Hefeteiggebäck, das meist mit Vanillesoße serviert wird.

■ **Unterkunft:**

In Lindau: Hotel Helvetia (luxuriöses Hotel direkt an der Seepromenade, gehobene Preisklasse), 88131 Lindau, Tel. 08382/91 30, www.hotel-helvetia.com

In Oberreute: Landgasthof Krone (Familienbetrieb mit großer Herzlichkeit, Allgäuer Küche und Übernachtung), Hauptstr. 40, 88179 Oberreute, Tel. 08387/25 36, www.krone-oberreute.de/index.html

In Schwangau: Hotel Weinbauer (unweit der Königsschlösser, mit historischem Ambiente und bayerischer Urigkeit), Füssener Str. 3, 87645 Schwangau, Tel. 08362/98 60, www.hotel-weinbauer.de

In Füssen: Hotel Garni Elisabeth (stilvolles Haus mit großem, schönem Garten in sehr ruhiger, zentraler Lage), Augustenstr. 10, 87629 Füssen, Tel. 08362/62 75

In Garmisch-Partenkirchen: »DAS KRANZBACH« (im englischen »Schloss-Stil« erbautes Wellness- und Verwöhn-Refugium mit 4 Sternen, hervorragendes Preis-Leistungs-Verhältnis; B 2 bis

Klais folgen und rechts auf die private Mautstraße abbiegen), 82493 Kranzbach bei Garmisch-Partenkirchen, Tel. 08823/92 80 00, www.daskranzbach.de

■ Sehenswürdigkeiten:
Schwangau: Königsschlösser Neuschwanstein und Hohenschwangau, von Okt.–März 10–16 Uhr, von April–Sept. 9–18 Uhr geöffnet; Ticket-Service: Tel. 08362/93 08 30, www.neuschwanstein.de/index.htm
Kloster Ettal: Benediktinerkloster mit berühmter Kirche, Auskunft Gemeinde Ettal, Tel. 08822/35 34, http://abtei.kloster-ettal.de/
Wieskirche: Wallfahrtskirche täglich durchgehend geöffnet, Auskunft unter Tel. 08862/501, www.wieskirche.de
Garmisch-Partenkirchen: die Ludwigsstraße (Hauptdurchfahrtsstraße) mit schönen bayerischen Hausfassaden, Infos unter www.gapa.de

■ Informationen:
Prospektservice Allgäu, Allgäuer Str. 1, 87435 Kempten, Tel. 0800/257 36 78 (kostenfrei innerhalb Deutschlands), www.allgaeu.info; Touristikverein Deutsche Alpenstraße c/o Tourismusverband München-Oberbayern e. V., Radolfzeller Str. 15, 81243 München, Tel. 089/829 21 80, www.deutsche-alpenstrasse.de

Einfach einmal auf einen Feldweg auszuscheren, lohnt sich: Natur pur.

Heuduft kitzelt in der Nase

Bis Weiler hat man den Duft von getrocknetem Heu in der Nase. Wie Iglus aus gedörrtem Gras stehen die fahlgrünen Haufen nebeneinander. Eine Weide weiter zermalmen braunweiß gescheckte Kühe die frischen Kräuter zwischen ihren Zähnen. Die Allgäuer wissen um ihr Idyll und setzen dies auch zur Genesung Stressgeplagter ein. In Weiler wurde 1428 eine Heilquelle gefunden. Dort und im Heilbad Oberstaufen wird nach den Lehren Kneipps und des schlesischen Naturarztes Johann Schroth kuriert.

Am Tal der Weißach entlang führt die Tour über die Riedberg-Passstraße bis Immenstadt. Bis zum 19. Jahrhundert war der Ort

Tipp

Im Hutmuseum Lindenberg lässt sich die Geschichte der Allgäuer Kopfbedeckungen zurückverfolgen (Hirschstr. 6, Tel. 08381/30 11; geöffnet Mi 15–17.30 Uhr und So 10–12 Uhr).

Oberammergau versprüht bayerische Traditon an jeder Hausecke.

für seine Leinwand bekannt, dann zerstörte die billige Baumwolle aus den Kolonien den Allgäuer Tuchmarkt. Bekannt ist die 14 000 Einwohner zählende Stadt heute für ihren Hausberg, den Mittag (1450 m), der mittels Deutschlands längstem Sessellift zu »erklimmen« ist. Von oben bietet sich ein toller Blick auf den Alpsee.

Weiter geht es nach Sonthofen. Wenn man den Fahrtwind nicht zu sehr pfeifen lässt, hört man das Geläut der Blechglocken: unzählige grasende Kühe, die den Autofahrern gelangweilt nachblicken; sie geben die Milch, die das Allgäu so berühmt gemacht hat: für seine bunten Käseecken, den herzhaften Hartkäse, für Butter und Joghurt. Die Milchwirtschaft gehört zu den wichtigsten Erwerbsquellen der Allgäuer Bevölkerung.

Auf der Genussroute Alpenstraße oder bei kleinen Abstechern (wie unten) ist Gas geben nicht so angesagt – zu schön sind die Ausblicke.

Sonnengelbe Kapellen

Sonthofen, die südlichste Stadt Deutschlands, ist das Industriezentrum der Region. Dementsprechend lieblos ist die Architektur – Bausünden aus der Wirtschaftswunderzeit. Dahinter hingegen breitet sich idyllisch das Ostrachtal bis zum kleinen Ferienort Hindelang aus: Schmucke Bauernhäuser und sonnengelb gestrichene Kapellen mit Zwiebeltürmen ziehen vorbei. Eiskalte Sturzbäche prasseln von den Höhen ins Kesseltal, wo sonst im Winter Skifahrer hinuntersausen. Einen wunderbaren Ausblick auf das Tal hat man von der »Kanzel«, einem Aussichtspunkt an der Oberjochpassstraße. Sie windet sich hinter Hindelang satte 106 Kurven bis auf 1000 Meter Höhe hinauf. Früher wurden hier Autorennen ausgetragen, heute gilt auf der gesamten Strecke Überholverbot. In Oberjoch biegt man auf die B 310 ab. Sie führt vorbei am Grüntensee, durch Nesselwang hindurch in den Königswinkel nach Füssen.

Obwohl die historische Altstadt auch einen Besuch wert wäre, fahren die meisten

weiter ins nahe Schwangau. Hoch oben auf dem Felsen thront das blütenweiße Königsschloss Neuschwanstein, und gegenüber steht das gelbe Schloss Hohenschwangau.
Der Königswinkel bietet sich auch zu einem Sprung ins kühle Nass an, z. B. in den Forggensee (viertgrößter See Bayerns), in den Weißensee oder in den Bannwaldsee, der direkt an der B 17 Richtung Steingaden liegt. Die Bundesstraße ist nicht nur ein Teil der Deutschen Alpenstraße, sondern auch der Beginn der Romantischen Straße, die von Füssen nach Würzburg führt.

In Ettal wird man gleich unmissverständlich begrüßt: Hier regiert der Bierdurst.

Rechte Seite, oben: Das schwäbische Meer: der Bodensee

Rechte Seite, unten: Das Prunkschloss Ludwigs II.: Schloss Neuschwanstein

Schnaps und Bergkäse

An der Strecke locken Holzschilder die Touristen: Ferienwohnungen und Zimmer, Schnaps und Honig, Bergkäse und Blumen werden angeboten. Der Fremdenverkehr ist hier eine wichtige Einnahmequelle. In Steingaden hält man sich in Richtung Echelsbacher Brücke und Oberammergau. Die Strecke wird Kurvenfetischisten kaum befriedigen, Kulturhungrige hingegen schon. Im Pfaffenwinkel ist die Wieskirche zu besichtigen, eine der prächtigsten Schöpfungen des schwäbisch-bayerischen Rokokos. Auch das berühmte Kloster Ettal liegt am Weg.

Die Klosterkirche von Ettal

Wer mehr Action in sein Getriebe bringen will, kann kurz vor Ettal die B 23 verlassen und Richtung »Schloss Linderhof/Reutte in Tirol« fahren (so gelangt man auch nach Garmisch-Partenkirchen, allerdings ist man dann drei Stunden länger unterwegs). Bis Linderhof müssen die Hände kräftig ins Lenkrad greifen, um den Wagen durch die schöne Gebirgslandschaft zu manövrieren. Am Schloss vorbei kann man über den Ammersattel entlang dem Plansee auf einer sich reizvoll windenden Strecke nach Reutte in Tirol fahren. Von dort gelangt man über Lermoos nach Garmisch, der Kreisstadt im Schatten der Zugspitze. Hier lohnt sich von Grainau aus sowohl ein Abstecher auf den höchsten Berg Deutschlands als auch eine Wandertour durch die berühmte Partnachklamm.

3 Bayerische Spitzenlagen

Auf der Deutschen Alpenstraße von Garmisch nach Berchtesgaden

Der Berg ruft: Groß und mächtig ragen die Gipfel in den Himmel – von der Zugspitze über den Wendelstein bis zum Watzmann. Der südöstliche Teil der Deutschen Alpenstraße ist ein hochalpiner Cabrio-Genuss, der zudem entlang einiger der schönsten bayerischen Seen wie Schliersee und Tegernsee führt.

■ Etappen:
Garmisch-Partenkirchen – Krün – Wallgau – Vorderriß – Wildbad Kreuth – Kreuth – Rottach-Egern – Tegernsee – Gmund – Hausham – Schliersee – Bayrischzell – Trißl – Niederndorf – Durchholzen – Reit im Winkl – Laubau – Weißbach – Schneizlreuth – Unterjettenberg – Berchtesgaden – Roßfeld-Höhenringstraße – Marktschellenberg

■ Anreise:
Ausgangspunkt Garmisch-Partenkirchen: ab München A 95 bis Autobahnende, dann B 23 bis Garmisch

■ Länge:
Rund 245 km

■ Dauer:
Mindestens 2 Tage

■ Essen & Trinken
Je mehr man ins Oberbayerische kommt, desto deftiger wird die Küche (s. dazu bei Tour 1). In Berchtesgaden stellt man den »Enzian« her, einen Kräuterlikör, der aus Wurzeln destilliert wird.

Kurvig zieht sich die Passstraße hinunter nach Berchtesgaden.

Ausgangspunkt der Route ist das Wintersport-Mekka Garmisch-Partenkirchen. Hier sollte man die Tour gemütlich angehen lassen – zu sehr lenken die prächtig verzierten Gebirgshäuser im Zentrum von Garmisch das Auge ab. Im Ort folgt man der Beschilderung »Brenner, Innsbruck, Mittenwald« (B2). In Krün biegt man auf die B11 Richtung Wallgau ab. Der kleine Ferienort kurz vor dem Karwendelgebirge faszinierte schon Goethe auf seiner italienischen Reise; er nächtigte hier. Die Fensterläden der Bauernhäuser leuchten grün, von den Holzbalustraden baumeln üppig blühende Geranien. In Filzhut und Janker gehen die Bewohner zur Dorfmesse.

Unterkunft:
In Wallgau: Alpenhof Wallgau (urig eingerichtete Zimmer mit Balkon), Mittenwalder Str. 28, 82499 Wallgau, Tel. 08825/20 90, www.alpenhof-wallgau.de
In Rottach-Egern: Seehotel Überfahrt (5-Sterne-Luxus-Ressort direkt am Tegernsee), Überfahrtstr. 10, 83700 Rottach-Egern, Tel. 08022/66 90, www.seehotel-ueberfahrt.com
In Ruhpolding: Landhotel Maiergschwendt (mitten im Grünen gelegenes, bayerisch-gemütliches Familienhotel), Maiergschwendt 1, 83324 Ruhpolding, Tel. 08663/ 881 50, www.landhotel-maiergschwendt.de
In Schönau am Königssee: Hotel Alpenhof (Luxushotel mitten in der Natur), Richard-Voss-Str. 30, 83471 Schönau am Königssee, Tel. 08652/60 20, www.alpenhof.de; Gästehaus Malerlehen (gemütlicher Bergbauernhof, idyllisch gelegen), Malerweg 8, 83471 Schönau, Tel. 08652/42 04, www.malerlehen.de

Sehenswürdigkeiten: Garmisch-Partenkirchen: die Ludwigsstraße (Hauptdurchfahrtsstraße) mit schönen bayerischen Hausfassaden, Infos unter www.gap.de
Schliersee: Markus Wasmeier Bauernhof- und Wintersportmuseum, geöffnet 1.4.–6.11. von 9–17 Uhr (montags geschlossen), Tel. 08026/719 02, www.wasmeier.de
Berchtesgaden: Salzbergwerk, geöffnet 1.5.–15.10. von 9–17 Uhr, 16.10.–30.4. von 12.30–15.30 Uhr, Tel. 08652/600 20, www.salzzeitreise.de

Informationen: Touristikverein Deutsche Alpenstraße c/o Tourismusverband München-Oberbayern e. V., Radolfzeller Str. 15, 81243 München, Tel. 089/829 21 80, www.deutsche-alpenstrasse.de; Kurdirektion Berchtesgadener Land, Königsseer Str. 2, 83471 Berchtesgaden, Tel. 08652/96 70, www.berchtesgadener-land.com

Wer sich vom Steuer lösen kann, kann sich über den Tegernsee schaukeln lassen.

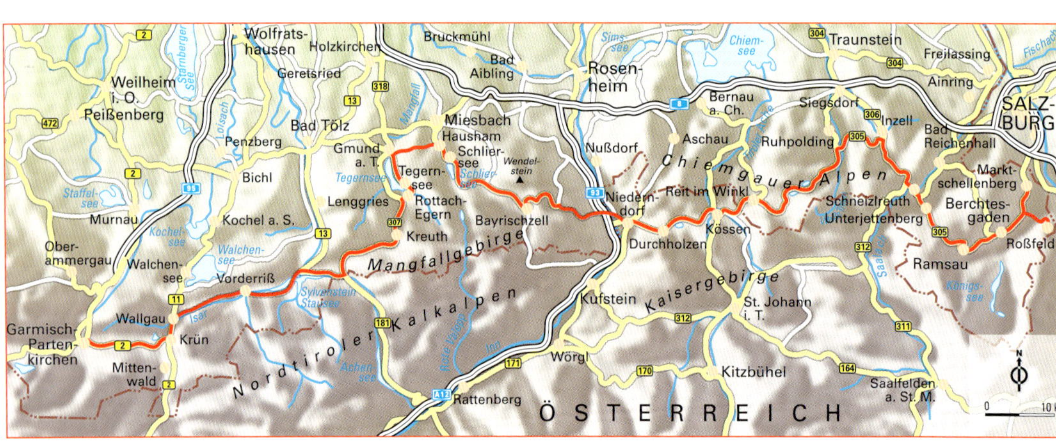

Hinter Wallgau biegt man auf die kleine Mautstraße nach Vorderriß ab. Die geringe Gebühr lohnt sich: Man erspart sich nicht nur den Umweg über Bad Tölz, sondern erlebt eine schöne Route entlang der Isar. Auf der engen Straße sollte man das Gas wegnehmen – wegen des Gegenverkehrs, aber auch um den würzigen Waldduft einzuatmen, die Isar rauschen zu hören und ihr glitzerndes Kiesbett zu bewundern.
In Vorderriß lohnt sich ein Abstecher in die Eng mit ihrem berühmten Ahornboden, Ausgangspunkt für zahlreiche Bergtouren in das Karwendel. Dann geht es auf die B 307, eine breite, gut ausgebaute Straße. Schnell ist das nächste Highlight erreicht: der Sylvensteinstausee. Smaragdgrün liegt das Wasser zwischen den Bergen, man fühlt sich an skandinavische Fjordlandschaften erinnert. Keine Spur ist mehr von dem Dorf Fall zu sehen, das nun nach der Flutung auf dem Grund des Sees liegt.

Einfach schön: auf Bergsträßchen mitten durch bayerische Prachtlandschaft

Entlang der Uferstraße hat man einen schönen Blick auf den Tegernsee.

»Badewanne« der Bayern

Über Wildbad Kreuth kommt man zum Tegernsee, eine der beliebtesten »Badewannen« der Bayern. Rottach-Egern und der Ort Tegernsee sind die großen Touristenhochburgen. Wer das nötige Kleingeld dabei hat, findet vor allem in Rottach eine sehr gepflegte Flaniermeile, die zu einem Glas Champagner mit Seeblick oder zum Besuch luxuriöser Boutiquen einlädt. Über Tegernsee, wo der bayerische Dichter Ludwig Thoma zuletzt lebte und 1921 gestorben ist, fährt man am Ortsende rechts Richtung Gmund. Auf dieser Strecke sollte man den Rückspiegel im Auge behalten, denn man hat von der ansteigenden Straße den wohl schönsten Blick auf den Tegernsee und die bewaldeten Berge.

Zwar kleiner, aber vor allem bei Naturfreunden nicht weniger beliebt ist der Schliersee, der sich weit weniger mondän als sein Nachbar gibt. Hier wirkt das bayerische Idyll noch unverfälscht und bodenständig. Die Touristen haben noch nicht komplett die Macht im Ort übernommen. Wer auf schnellem Wege die Vogelperspektive über dem Schliersee erreichen will, folgt in der Orts-

mitte links der Beschilderung zur Schliersbergalm. Mit einer kleinen Gondel gelangt man in fünf Minuten auf eine kleine Alm wie aus vergangenen Zeiten (s. Tipp).

Weiter geht es Richtung Bayrischzell. Es dauert keine zehn Minuten Fahrt und der Wendelstein taucht linker Hand auf – auch hier könnte man schon wieder rasten. Mit der ältesten Zahnradbergbahn der Welt kann man abenteuerlich auf den Gipfel rattern: Sieben Tunnel und zwölf Brücken später ist man oben – zehn Kilometer in einer Stunde. Zu erleben gibt es ein eindrucksvolles Bergseepanorama und die Wendelsteinhöhle mit riesigen Eiszapfen.

Mit der Sudelfeldstraße wird es wieder spannend am Lenkrad: zehn Prozent Steigung und Gefälle, eingebettet in eine Kurvenorgie. Auf 1123 Metern Höhe ist Schluss, von einem Parkplatz aus kann man ins Tal blicken: auf ockerfarben schimmernde Weiden und auf viele friedlich kauende Kühe.

Am Tatzelwurm endet die Deutsche Alpenstraße zunächst. Um zum nächsten Stück nach Reit im Winkl zu kommen, gibt es mehrere Möglichkeiten: über Brannenburg, Raubling, Frasdorf,

Auf den kleinen Straßen ist so wenig los, dass man ruhig auch einfach mal auf die Bremse treten und das Panorama genießen kann.

Tipp

Die ganzjährig bewirtschaftete Schliersbergalm bietet einen schönen Blick auf den Schliersee – und bei trockenem Wetter kann man via Sommerrodelbahn zur Talstation bzw. zum Parkplatz zurückrodeln. Die Bahn fährt täglich jede Viertelstunde von 8.30–22 Uhr, von Nov.–April täglich 8.30–18 Uhr (Infos unter www.schliersbergalm.de).

Von Berchtesgaden lohnt sich ein Abstecher zum Königssee im Nationalpark Berchtesgadener Land.

Aschau und Sachrang – eine kurvenreiche, besonders bei Motorradfahrern beliebte Strecke – oder direkt über Trißl/Niederaudorf und Wagrein. Kurz vor dem Walchensee treffen sich die beiden Routen auf der B 172. Rechts der Straße befinden sich der Zahme Kaiser und die österreichische Grenze, links liegen die Chiemgauer Berge. Die Häuser erscheinen winzig klein, die Wiesen noch grüner vor der Kulisse der grauen Riesen.

In Reit im Winkl ist immer was los. Bürgersteige und Straßen sind voller Touristen. In den Fenstern der Läden sind weißblaue Souvenirs ausgelegt – Spazierstöcke und karierte Hemden, Bierkrüge und Weißbier, bayerische Lebensart pur und inszeniert. Die oberbayerische Landschaft ist einfach zu schön, um nicht besucht zu werden.

Bis Ruhpolding und Inzell passiert man den Weitsee, den Mittersee und den Lödensee. Nicht die Straße ist wichtig, sondern das Bergpanorama. Wenn man den Kopf in den Nacken legt, sieht man die Gipfel im Himmel hängen. In Ruhpolding steht eine der schönsten Dorfkirchen Süddeutschlands, St. Georg, in der sich die berühmte Madonna befindet. Bis Inzell fährt man auf einer alten, ausgebauten Handelsstrecke.

Weiter geht es durch Schluchten bis nach Ramsau. Dort sieht man im Süden den Nationalpark Berchtesgaden mit dem mächtigen Watzmann; zu seinen Füßen liegt der Königssee, 190 Meter tief und kühl – deshalb gibt es hier immer viele Boote auf dem klaren Wasser, aber kaum Schwimmer. Hinter Ramsau holpert man über ein Stück aus Kopfsteinpflaster nach Berchtesgaden. Die Strecke blieb so, wie sie Hitler in den 1930er-Jahren bauen ließ. Das Salzland ist prächtig. Das »weiße Gold« hat Geld nach Berchtesgaden gebracht. Die Innenstadt besteht aus prunkvoll bemalten Häusern und ebenso gut ausgestatteten Kirchen und Schlössern. Ein Muss ist eine Rutschtour im Salzbergwerk. Durch Höhlen und Stollen kommt man zu einem Salzsee.

Den krönenden Abschluss des Open-Air-Trips bildet die Roßfeld-Höhenring-Straße. Gegen eine Mautgebühr darf man sich ab Oberau, das nach dem Ortsausgang von Berchtesgaden rechts beschildert ist, auf 1600 Meter hochschrauben. Kehre um Kehre wird die Aussicht atemberaubender. An der Strecke gibt es genügend Haltemöglichkeiten, damit man den Ausblick ins Salzland so richtig genießen kann. Rund 17 Kilometer Steigungen und Gefälle später ist man wieder in Oberau. Über die B 305 Richtung Markt Schellenberg gelangt man kurz vor Salzburg auf die A 8 – hier endet das Open-Air-Vergnügen.

Die Route »Deutsche Alpenstraße« erkennt man an diesem braunen Schild.

Das Hotel Kranzbach, von den Einheimischen auch das »Englische Schloss« genannt, ist der perfekte Ort für einen Boxenstopp.

Touren in Österreich

Imposant baut sich der höchste Berg Deutschlands, die Zugspitze, vor der Windschutzscheibe auf. Man erreicht den Gipfel sowohl mit der Zugspitzbahn aus Grainau als auch aus Ehrwald in Tirol.

4 Winterwunderland

Oben-ohne-Spaß auch im Winterhalbjahr

Halb zugefrorene, verschneite Berge, Sonne satt: Eine Cabrio-Tour von Salzburg nach Villach macht auch dann Spaß, wenn man im Winter das Verdeck offen lässt.

Cabrio fahren im Winter? Das ist dekadent und eisig. Deshalb tragen so viele Oben-ohne-Autos Saisonkennzeichen, deswegen werden die Sommerflitzer in schöner Regelmäßigkeit im Oktober nach dem letzten schönen Wochenende eingemottet. Doch was im Sommer Spaß macht, taugt auch für den Winter. Windschott, eine Decke für die Beine, Pudelmütze und Schal sollte man schon dabei haben – und eine gehörige Portion Verständnis für all jene,

■ Etappen:
Salzburg – Mondsee – Scharfling – St. Gilgen – Reith – Bad Ischl – Bad Goisern – Hallstatt – Gosau – Lindenthal – Annaberg – St. Martin – Radstadt – Obertauern – St. Michael im Lungau – Katschberghöhe – Rennweg – Gmünd – Spittal

■ Anreise:
Ausgangspunkt Salzburg: ab München A 8 bis Salzburg, eventuell weiter auf A 1 bis Ausfahrt Mondsee

■ Länge:
Ca. 230 km

■ Dauer:
2 Tage

■ Essen & Trinken:
In Österreich isst man deftig, wie Zwiebelrostbraten mit Bratkartoffeln, Wiener Schnitzel (Original aus Kalbfleisch) oder Backhähnchen, aber auch gern süß: Kaiserschmarrn mit Apfelmus, Germ- oder Marillenknödel. Dazu trinkt man einen erfrischenden Almdudler.

■ Unterkunft:
In Hallstatt: Gasthof Hirlatz*** (mitten im Wintersportzentrum gelegen, hier kocht die Chefin des Hauses noch selbst), Malerweg 125, A-4830 Hallstatt, Tel. +43/(0)6134/884 43, www.gasthof-hirlatz.at
In Obertauern: Hotel Solaria (Hotel, in dem viele Bergtourengäste verkehren, schön und sauber), Dr.-Kresse-Str. 86, A-5562 Obertauern, Tel. +43/(0)6456/72 50, www.hotel-solaria.at

die den vermeintlich verrückt gewordenen Cabrio-Insassen fassungslos hinterherblicken.
Salzburg ist der Ausgangspunkt: Die Reise wird über den Mondsee und den Wolfgangsee zum Hallstätter See führen, danach geht es ins Gebirge, über die Radstädter Tauern bis hinunter zum Millstätter See und weiter nach Villach.

Gästestrom im Sommer

Das »Pickerl« gegen eine erträgliche Gebühr lohnt sich für die Fahrt auf der Autobahn bis zur Anschlussstelle »Mondsee«. Zwei Kilometer Fahrt, einige Kurven und Abbiegevorgänge (der Beschilderung »Zentrum« folgen) später steht man auch schon auf dem Platz vor der Klosterkirche Mondsee. Parkplätze lassen sich

■ Sehenswürdigkeiten:
St. Wolfgang: Pfarrkirche, bemerkenswerte Altäre, Christusfigur und Kanzel
Bad Ischl: Kaiservilla, ein Geschenk an Kaiser Franz Joseph I. und Elisabeth anlässlich ihrer Hochzeit 1854; Jainzen 38, A-4820 Bad Ischl, Tel. +43/(0)6132/277 57, geöffnet an Ostern und an den Wochenenden im April sowie 1.5.–15.10. von 9–12/13–17 Uhr
Hallstatt: Salzbergwerk; geöffnet 18.4.–25.5. täglich von 9.30–15 Uhr, 26.5.–14.9. täglich von 9.30–16.30 Uhr, 15.9.–26.10. von 9.30–15 Uhr; Auskunft beim Tourismusverband Hallstatt, Postfach 7, A-4830 Hallstatt, Tel. +43/(0)6134/82 08, www.hallstatt.de

■ Informationen:
Österreich Werbung, Mannheimer Str. 15, 60329 Frankfurt, Tel. 069/24 24 25 24, www.austria.info.at

Einsame Straßen erhöhen das Cabrio-Vergnügen im Winter.

Heimat- und Pfahlbaumuseum in Mondsee

Vor 5000 Jahren lebten hier die Menschen in Pfahlbauten. Marschall-Wrede-Platz 1; geöffnet: 1.5.–9.9. von 10–18 Uhr, 11.9.–9.10. von 10–17 Uhr, 9.–28.10. an Sa/So/Feiertagen von 10–17 Uhr www.mondsee.at

hier im Winter leicht finden – der große Gästestrom ist im Sommer unterwegs. Die Klosterkirche St. Michael hat den größten Kirchenraum des Salzkammerguts: 70 Meter lang, 33 Meter breit und 29 Meter hoch ist das Hauptschiff der Kirche. In jedem Fall sollte beim Abstecher in die 2100-Seelen-Gemeinde ein Bummel über den Marktplatz mit seinen bunten Häusern in verschiedenen Baustilen nicht fehlen; am Mondseeufer kann man ihn beenden – der See hat auch im Winter seinen Reiz, vor allem lockt die Stille, die ihn in der »staaden Zeit« umgibt.

Abstecher zum Attersee

Zurück im Auto, folgt man der Beschilderung nach St. Gilgen. Die gut ausgebaute Salzkammergut-Bundesstraße B 158 lädt zu flotter Fahrt ein, das Dach darf auf diesem Abschnitt ruhig noch draufbleiben. In Scharfling ist ein Abstecher zum Attersee möglich: Wer links abbiegt, kann den größten der Salzkammergutseen anfahren – für eine Umrundung sollte man knapp eineinhalb Stunden

Ab durch den Winter – mit viel Schnee und tollen Ausblicken

einplanen, allerdings bieten sich auch noch zahlreiche Einkehr- und Abstechermöglichkeiten entlang der gut befahrbaren Attersee-Uferstraße an.

Nach St. Gilgen am Wolfgangsee gelangt man auf einer gefälligen Passstraße, die schon einen kleinen Vorgeschmack auf das gibt, was folgen wird: Kurvenziehen im Alpenpanorama. In St. Gilgen macht nicht nur der Altbundeskanzler Urlaub, sondern auch eine Vielzahl von Touristen – aber im Winter ist hier von all dem sommerlichen Trubel wenig zu spüren, das kleinstädtische Leben geht seinen geruhsamen Gang. Bis auf die Cabrio-Fahrer ...

Kinder rollen Schneemänner

Ob zum »Weißen Rössl« oder zur Wallfahrtskirche St. Wolfgang: Eine Spritztour durch den Ort, der dem Wolfgangsee seinen Namen gegeben hat, gehört einfach dazu. Nach Strobl biegt man links ab und fährt am Ufer entlang. Im 15. Jahrhundert war St. Wolfgang neben Rom, Aachen und Einsiedeln der meistbesuchte christliche Wallfahrtsort – und auch heute ist noch viel von dem Charme des einstigen Pilgerdörfchens zu spüren: Puderzuckerschnee bedeckt die Dächer der urigen Häuser, aus den Schornsteinen quillt weißer Rauch in den Himmel, Kinder rollen große Schneekugeln zu Schneemännern, die Cafés laden zu einer Tasse Jagertee ein – bei schönem Wetter sogar auf der Terrasse.

Die Klosterkirche St. Michael am Mondsee

Die weitere Reise führt über die B 158 nach Bad Ischl. Auch wenn in der Vorstadt der Beton dominiert: Hat man erst mal das Cabrio abgestellt und das Flair des einstigen Kaiserferiendomizils geschnuppert, will man länger bleiben. Bad Ischl rückte durch Kai-

Auch andere frönen dem winterlichen Vergnügen, hier im Heißluftballon.

ser Franz Joseph I. in den Mittelpunkt des Weltgeschehens. Im Urlaub traf der vorletzte Kaiser der österreichisch-ungarischen Doppelmonarchie folgenschwere Entscheidungen, darunter die Kriegserklärung an Serbien, die letztlich zum Ausbruch des Ersten Weltkriegs führte.

Empfehlenswert ist ein Besuch des Salzbergwerks Bad Ischl. Ein Bähnlein bringt einen in halsbrecherischer Fahrt ins Berginnere, und wie einst die Bergknappen rutscht man über Holzrutschen von Stollen zu Stollen – um schließlich bei einem riesigen Salzsee zu landen. Leider ist das Schaubergwerk nur zur Hochsaison von Mai bis September geöffnet.

Im Winter sollte man in den Kurven die Reifen nicht allzu sehr quietschen lassen. Es könnte glatt sein.

Dreieckiger Marktplatz

Langsam wird die Route anspruchsvoller, will heißen: alpiner. Die B 146 bringt uns nach Hallstatt am Hallstätter See, und kurz hinter Bad Goisern biegt man links auf die B 166 ab. Hallstadt ist ein malerisches Dörflein am See, und in der frostigen Jahreszeit kann man ungehindert durch den schönen Ortskern kurven. Markant ist der dreieckige Marktplatz – nur ein wenig eng wird es hier manchmal ...

Ab Hallstatt geht es hinein in die Alpenwelt. Also Mütze tief ins Gesicht, den Schal fester ziehen, Heizung bis zum Anschlag aufdrehen. Man hält sich Richtung Bad Goisern, bevor man die Uferstraße verlässt und ins Gosautal abbiegt. Die ersten Steigungen locken das Cabrio aus der Reserve, auf den Bäumen liegt zunehmend mehr Schnee, die Kurven werden enger. In Gosau biegt man rechts ab, um weiter in Richtung Radstädter Tauern zu fahren – links geht es in Richtung Vorderer und Hinterer Gosausee. Wenn nicht gerade der Zeitplan oder der Sonnenstand drängen: Unbedingt den Abstecher zum See machen – eine herrliche Gebirgs-

Blick auf das verschneite St. Michael

Für ein bisschen verrückt wird man als Winter-Cabrio-Fahrer schon gehalten.

welt mit schroffen Felswänden, einem tosenden Wasserfall und einem wunderschönen Rundwanderweg wartet auf Sie!

Auf der eigentlichen Route wird nun mehr und mehr echtes fahrerisches Können gefordert: Während sich die Bäume unter der Schneelast biegen, lassen sich wunderschöne Bahnen durchs Alpenpanorama ziehen. In Rußbach fährt eine Seilbahn zur Hornspitze; hier sausen die Skifahrer die Hänge hinunter. Bei Lindenthal kommt eine scharfe Linkskurve in Richtung St. Martin (man folgt der B 166) – nun führt die Route auf einem Hochplateau weiter nach Radstadt. Ob man es laufen lässt oder einen Abstecher in ein Café in Annaberg oder St. Martin macht? Wer die Augen offen hält, der findet hier jede Menge Gründe, anzuhalten, innezuhalten und das herrliche Gebirgspanorama zu genießen.

Am Ende der B 166 muss man links auf die B 99 fahren, die nach Villach führt. Nun steht der zweite spannende Teil der Tour an. Die Autobahn, die teils parallel zur Bundesstraße führt, ist wesentlich unattraktiver als die Vorläufer-Bundesstraße, außerdem spart man die Maut für den Katschbergtunnel und bekommt auch noch viel, viel Fahrspaß geboten.

Von Radstadt nach Katschberg sind es nur ein paar Kilometer, doch die haben es in sich: Kurven, die immer enger werden, Steigungen, die sich stets erhöhen. Schnee ist hier während des gesamten Winterhalbjahres sicher – wer in Deutschland im Frühling startet, der hat hier noch tiefsten Winter. Mit jedem Höhenmeter, den das Cabrio mühelos »frisst«, scheint das Thermometer zu fallen: –10 °C sind weder eine Seltenheit noch besonders tragisch: Im Cabrio ist's ja dank der Heizung und des Windschotts wohlig warm.

Und dann folgt die Talabfahrt – die Passstraße bietet ein kurviges Vergnügen, das schließlich im ach so verschandelten Autobahn-Tauerntal endet. Von dort liegt einem eigentlich halb Österreich zu Füßen. Ein Ausflug zum Millstätter See bietet sich an oder auch die gute halbe Stunde Autobahnfahrt nach Villach und zum Wörthersee mit der Stadt Klagenfurt. Hier kann man die römischen Ausgrabungen am Magdalensberg besuchen oder weiterfahren zum idyllischen Klopeiner See und in die Karawanken.

Wetter-Tipp

Besonders bei der Wintertour sollte man zuvor Straßenverhältnisse und Wetteraussichten prüfen unter www.wetter.at bzw. www.oeamtc.at.

Rechte Seite: Kurvig geht es durch die Tauernlandschaft.

5 Bis an den Rand des ewigen Eises

Auf der Kaunertaler Gletscherstraße

Etappen:
Garmisch-Partenkirchen – Ehrwald – Bieberwier – Fernpass – Nassereith – Imst – Landeck – Prutz – Feichten – Kaunertaler Gletscherstraße – Feichten – Kauns – Piller – Wenns – Arzl im Pitztal – Imst

Anreise:
Ausgangspunkt Garmisch-Partenkirchen: ab München A 95 bis Autobahnende, dann B 23 bis Garmisch

Länge:
Rund 190 km

Dauer:
2 Tage

Essen & Trinken:
Neben dem Tiroler Speck spielen Knödel in allen Variationen eine wichtige Rolle in der Tiroler Küche. Sie werden als Speckknödel, Spinatknödel oder Kaspressknödel (aus Tiroler Graukäse) zubereitet und allein, in einer Suppe oder als Beilage gegessen. Der Graukäse wird auch mit Essig und Öl angerichtet und mit Zwiebelringen belegt serviert. Weitere Spezialitäten sind das Tiroler Gröstl (u. a. Fleisch, Erdäpfel und Zwiebeln in einer Pfanne gebraten) sowie Schlutzkrapfen (gefüllte Teigtaschen). Beliebt sind in Schmalz gebratene Krapfen und Küchl, z. B. Apfelküchl.

Die Gletscher-Panoramastraße zählt zu den schönsten Hochgebirgsstraßen der Alpen. Farben und Steine verschmelzen zu einem alpinen, fast schon surrealen Zauberreich: Erdschattierungen, Rottöne, Moos- und Tannengrün schichten sich bis zur Schneegrenze übereinander auf. Auf 2750 Metern ist man am Ziel, dem Weißseeferner, angelangt.

Wer eine schnelle und landschaftlich schöne Verbindung zwischen Deutschland und Tirol sucht, ist beim Fernpass genau richtig. Die gut ausgebaute Straße ermöglicht eine relativ zügige Überquerung der Lechtaler Alpen an deren Ostflanke – je nachdem, wie viele Wohnmobile man auf der Route vor sich hertreibt. Die Strecke ist beliebt, nicht zuletzt wegen ihrer Zugspitznähe.

Infobox

Die Zugspitze ist mit 2962 m der höchste Berg Deutschlands. Sie liegt im Wettersteingebirge in den nördlichen Kalkalpen. Die Grenze zwischen Österreich (Tirol) und Deutschland (Bayern) verläuft zwischen dem West- und dem Ostgipfel. Das goldene Gipfelkreuz ist das Ziel vieler Bergsteiger und Ausflügler – allerdings muss man trittsicher und schwindelfrei sein, um es zu erreichen. Der Zugspitzgipfel ist von drei Seilbahnen erschlossen: Die erste, die Tiroler Zugspitzbahn von Ehrwald, wurde 1926 eröffnet, die Eibsee-Seilbahn von Grainau 1963 und die Bayerische Gletscherbahn 1992. Die vorherrschende Gesteinsart der Zugspitze bzw. des Wettersteinmassivs ist kompakter Kalkstein, dessen Entstehung bereits vor 210 Mio. Jahren begann und vor ca. 100 Mio. Jahren aufgefaltet wurde. Der auf der Zugspitze vorherrschende Kalkstein weist typische Eigenschaften auf und wird daher auch als »Wettersteinkalk« bezeichnet.
Südlich des Berges schließt sich das Zugspitzplatt an, eine Karst-Hochfläche mit zahlreichen Höhlen. An den Flanken der Zugspitze befinden sich drei Gletscher, darunter die beiden größten Deutschlands: der Nördliche Schneeferner mit 30,7 ha und der Höllentalferner mit 24,7 ha, außerdem der Südliche Schneeferner mit 8,4 ha.
Die Zugspitze wurde am 27. August 1820 von Leutnant Naus zum ersten Mal bestiegen. Seitdem ist der Gipfel das Ziel vieler Bergsteiger aus allen Ländern. 1897 wurde das Münchner Haus mit Meteorologischem Turm (1900) als Schutzhütte von der Sektion München des Deutschen Alpenvereins errichtet. Weitere Infos unter www.zugspitze.de und www.zugspitzbahn.at

Hinter Garmisch, bei Lermoos, erheben sich die »grauen Riesen«.

Von Garmisch an Grainau vorbei, dem kleinen Ort, von dem die Zugspitz-Zahnradbahn auf den höchsten Berg Deutschlands rattert, geht es entlang der Loisach nach Ehrwald. Dort kann man von der österreichischen Seite luftig via Gondel die Zugspitze erreichen. Kaum hat man den kleinen Ort durchquert, ragen links und rechts der Straße Nadelwälder empor. Komfortabel breit schlängelt sich der Asphalt immer höher. Dabei sollte man den Rückspiegel im Blick haben, denn bei entsprechender Höhe hat man eine Sicht auf Deutschlands Gipfel Nummer 1. Wer den Moment verpasst, kann zwei Kilometer vor der Passhöhe beim Rasthof »Zugspitzblick« stoppen und in Ruhe das Alpenpanorama mit dem Mittersee genießen.

Der höchste Punkt des Fernpasses selbst ist eher unspektakulär und bietet außer einer Tankstelle, einem Andenkenladen und einem Gasthof keine weiteren Highlights. Von hier aus geht es in gleichmäßigen Kurven etwa drei Kilometer weiter, bis man sich in drei Spitzkehren schnell nach unten dreht. Danach verschlucken einen bis Nassereith mehrere kurze Tunnels.

Traumhafter Naturpark

Schnell leitet die gut ausgebaute Strecke nach Landeck, wo die Beschilderung bereits den Weg ins Kaunertal weist. Herzstück des

■ Unterkunft:
In Lermoos: »MOHR life resort« (stylisches Hotel mit Zugspitzblick), Innsbrucker Str. 40, A-6631 Lermoos, Tel. +43/(0)5673/23 62, www.mohr-life-resort.at
In Prutz: Hotel Post (uriges Hotel mit empfehlenswerter Speisekarte), Familie Barbara und Walter Pöham, Dorfstr. 1, A-6522 Prutz, Tel. +43/(0)5472/62 17, www.postprutz.at
In Feichten: Hotel Gletscherblick (am südlichen Ortsende von Feichten, komfortables Haus, mit schöner Terrasse, frei und sonnig gelegen), Feichten 168, A-6524 Kaunertal, Tel. +43/ (0)5475/302, www.hotelgletscherblick.at
In Arzl: Hotel Arzlerhof (Zimmer mit Balkon und Blickrichtung Alpenpanorama auswählen, sehr gutes Essen), Osterstein 31, A-6471 Arzl, Tel. +43/ (0)5412/69 00, www.arzlerhof.at

Sehenswürdigkeiten:
Garmisch-Partenkirchen: die Ludwigsstraße (Hauptdurchfahrtsstraße) mit schönen bayerischen Hausfassaden, Infos unter www.gap.de
Kauns: Burg Berneck, Originalgetreu nach dem Bau von 1437 wiederhergestellte Ritterburg. Besonders sehenswert sind die Kapelle, die gotischen Fresken und die äußere Laufganggalerie über der Felswand. Führungen finden von Juli–September jeweils Fr & Sa um 10 und 11 Uhr statt. Anmeldung: Familie Magdalena & Ekkehard Hörmann, Tel. +43/(0)5472/63 32
Kaltenbrunn: Wallfahrtskirche Mariä Himmelfahrt, ältester Wallfahrtsort in Tirol (seit 12. Jh.). Schon von Weitem gut sichtbar liegt am Hang die barockisierte Kirche mit der Gnadenkapelle, wo einst die Hirten auf dem Stein die kleine Muttergottesstatue verehrten.

Informationen:
Tourismusgemeinschaft Zugspitz-Region, Richard-Strauss-Platz 1a, 82467 Garmisch-Partenkirchen, Tel. 08821/75 15 62, www.zugspitz-region.de; Tirol-Info, Maria-Theresien-Str. 55, A-6010 Innsbruck, Tel. +43/(0)512/72 72-0, www.tirol.at; Tourismusverband Tiroler Oberland, Infobüro Kaunertal 134, A-6524 Feichten/Kaunertal, Tel. +43/(0)5022/52 00, www.kaunertal.com

Naturparks ist der Kaunergrat, der der Region ihren Namen gab. Der mächtige Gebirgszug ist seit 2003 als Naturpark ausgewiesen. Seen und Wasserfälle, Wiesen und Wälder, Felslandschaften und ewiges Eis prägen das extrem unterschiedliche Landschaftsbild. Entsprechend vielfältig kann man die Tier- und Pflanzenwelt beobachten: Murmeltier, Gämse, Steinbock, Edelweiß, Almrose und Silberwurz teilen sich den Lebensraum.

Der Kaunergrat trennt die beiden Nachbartäler Pitztal und Kaunertal und ist Teil des Gebirgsmassivs der Ötztaler Alpen. Die eiszeitlich geprägte Landschaft der Naturparkregion erstreckt sich über alle Höhenstufen und bietet eine unglaubliche Vielfalt an Naturschönheiten. In Prutz folgt man den unübersehbaren Hinweisschildern Richtung Kaunertal/Gletscherstraße und Sommerskigebiet. Die Straße steigt einige Kilometer mäßig an. Schon bald erhöht sich die Steigung kurzzeitig bis auf 14 Prozent. Danach wird es wieder etwas flacher bis zur Mautstation kurz hinter Feichten (1287 m). Das Tal zieht sich sichtbar zusammen, Schatten

Gut ausgebaut, lässt sich der Fernpass zügig passieren, wenn nicht zu viele Wohnmobile unterwegs sind.

und kühle Luft sammeln sich in der kleinen Ortschaft.

Bald passiert man die Mautstation. Wenn auch die Tageskarte nicht gerade günstig ist, so ist das Panorama wenige Kilometer später doch jeden Cent wert. Die Straße schlängelt sich in das Tal hinein, und links erblickt man die Wolfskehr, die letzte besiedelte Hofstelle im Kaunertal. Der Name geht auf die Familie Wolf zurück. Ursprünglich gab es einmal acht Höfe, doch die meisten wurden im 19. Jahrhundert nach Lawinenabgängen und Überschwemmungen aufgegeben. Wiesenkräuter duften ins Auto, nur noch wenige Laubwaldreste sind vorhanden.

Auf dem Gletscher herrschen Minusgrade und ewiges Eis.

Höchster Staudamm Europas

Kurz darauf baut sich eine riesige Mauer aus Natursteinen auf, die den Gepatschstausee eindämmt. Er speist das Kaunertalkraftwerk (TIWAG) in Prutz über ein Gefälle von 793 bis 895 Metern. Der Stausee, der maximal 138 000 000 Kubikmeter Stauvolumen aufweist, wird von den Bächen des Kaunertals bedient, die teilweise über Stollensysteme taleinwärts in das Becken geführt werden. Zusätzlich wird über Stollen Wasser aus dem benachbarten Pitztal und dem Radurschltal zugeleitet. Der Schüttdamm war bei der Fertigstellung 1964 mit 600 Metern Länge und einer Höhe von 153 Metern der zehnthöchste der Welt und ist heute immer noch der höchste Europas.

Die Länge des Stausees begleitet die Strecke auf sechs Kilometern. Rechts taucht ein Treppenberg auf, der Versetz, aus dem die Steinquader für die Stauseemauer gehauen wurden. Die Natur hat sich über die Treppen ihren Weg gebahnt und das Ganze in eine grüne Skulptur verwandelt. Es folgen zehn Kehren (von insgesamt 29)

M JA 2230

Der smaragdgrüne Weßsee auf 1765 Metern

zur Krone der Staumauer auf 1765 Metern Höhe. In südlicher Richtung erhascht man den ersten Blick auf den Gletscher, den Weißseeferner. Es gibt auf beiden Seiten des Stausees einen Weg. Der westliche ist laut Karte für den öffentlichen Verkehr gesperrt. Das Weidevieh grast hier unbekümmert und fordert in jedem Fall sein Recht auf Vorfahrt ein – davon zeugen nicht nur die Kuhfladen auf dem Asphalt. Neben der Straße prasseln immer wieder Wasserfälle herab. Direkt am Ende des Sees steigt die Straße über mehrere Kehren stetig an, um danach nochmal zur Überquerung eines Bachs an Höhe zu verlieren. Anschließend setzen sich die Kehren fort, werden aber etwas weniger, die Steigung allerdings immer stärker. Weit voraus kann man nun in den Verlauf der Straße einsehen.

Hinauf zu eisigen Höhen

Im Osten erblickt man kurz darauf den Gepatschferner, den zweitgrößten Gletscher Österreichs (nach der Pasterze am Großglockner). Überhaupt bieten sich im zweiten Teil der Straße nach jeder Kurve oder Kehre neue schöne Blicke. Der Glockturm (3355 m), die Weißkugel (3739 m) und die Wildspitze (3772 m) rah-

Linke Seite, oben:
Hinter dem Fernpass breitet sich das Lechtal aus.

Linke Seite, unten:
Ab 1600 Metern erblickt man schon die ersten Schneefelder von der Kaunertaler Gletscherstraße.

Eine wunderschöne Alternative für den Rückweg nach Imst: die Fahrt über die Piller Höhe

men das Tal ein. Kehre um Kehre schraubt sich der Wagen aus der subalpinen Stufe heraus. Bald blickt man von oben auf die grün schimmernden Nadeln und saugt den Duft des Gehölzes ein, der allerdings nicht mehr lange währt. Die baumfreie Welt und ihre faszinierenden Farben machen sich breit. Das Gestein leuchtet rot und ockerfarben, darüber wuchert betautes Moosgrün und vereinzelt wachsen hier auch Alpenrosen.

Der Weißsee hebt sich vom Grau der Felsen smaragdgrün ab. Es wird kühl auf 1765 Metern Höhe im Auto. Die Luft ist angenehm frisch und rein. Die Kurven werden immer enger und häufiger, Felsbrocken türmen sich am Straßenrand auf. Der Teer wird schwärzer und umso kontrastreicher zu den Schneefeldern, die sich links und rechts der Straße ausbreiten. Der Gletscher ist nun nicht mehr weit. Nach der Kehre Nr. 1 sieht man das Ende der Straße und das Gletscherrestaurant. Oben angekommen, ist man nur wenige Schritte vom Weißseeferner entfernt. Lifte spicken den Berg, und Skifahrer jagen den Hang hinunter. Dort befindet sich das Skigebiet »Kaunertal-Gletscher«, das 1980 eröffnet wurde. Das eisige Ziel ist erreicht.

Rechte Seite, unten: Vergnügen pur – Prima griffiger Belag mit Blick auf eine einzigartige Bergwelt

Spektakuläre Ausblicke

War der Hinweg über Landeck eher pragmatisch, gestaltet sich die Rückfahrt über die Piller Höhe umso spektakulärer. Hat man Feichten und Kaltenbrunn hinter sich gelassen, zweigt rechts eine kleine, steil ansteigende Straße Richtung Piller ab. Sie ist so schmal, dass man besser auf keinen Gegenverkehr hofft. Sie ist allerdings auch wenig befahren und ein echter Geheimtipp – einzig Motorradfahrer scheinen die Strecke für sich entdeckt zu haben. Mit größeren Forstfahrzeugen, die unvermittelt hinter einer Kurve stehen können, sollte man jederzeit rechnen.

Die Straße schwingt sich durch wunderschöne Bergwälder und bietet ein entspanntes Kurvenvergnügen. Plötzlich wechselt ein Rudel Rehe über die Straße – man könnte meinen, man sei in einem Naturpark. Auf 1559 Metern Höhe wartet eine atemberaubende Aussicht, der Gacher Blick, hinunter ins 700 Meter tiefer gelegene Inntal und hinüber auf die Lechtaler Alpen. Rechter Hand steht das Naturparkhaus Kaunergrat, das 2007 eröffnet wurde. Von seiner Sonnenterrasse genießt man bei einer Tasse Kaffee einen faszinierenden Ausblick. Zudem gibt's hier eine Art »Service-Zentrum« für alle naturinteressierten Besucher, die in der Region Pitztal/Kaunertal/Ötztal/Innsbruck Urlaub machen. Rund um das Naturparkhaus wurden unzählige Wanderwege sehr gut erschlossen. Dazu gehört auch ein Moorlehrpfad, der Einblick in diesen seltenen und gefährdeten Lebensraum in Österreich gibt.

Der Weg nach unten wird allmählich wieder breiter und besser ausgebaut. Eine Gruppe von Bikern saust vorbei. Der Talkessel mit Wenns und Arzl öffnet sich, und die Rundtour nähert sich ihrem Ende. Über den Inn gelangt man wieder nach Imst.

Entlang der Kaunertaler Gletscherstraße warten viele Überraschungen am Wegesrand.

Grenzenlose Aussichten

Die Karlesjochbahn startet direkt am Parkplatz am Ende der Gletscherstraße und fährt zum Aussichtspunkt »3-Länder-Blick« auf 3108 m Höhe. Man befindet sich direkt auf der Staatsgrenze zwischen Österreich und Italien und hat einen wunderbaren Ausblick u. a. auf die Berge Italiens mit dem Ortler (3905 m), auf die Bernina-Gruppe in der Schweiz mit dem Piz Bernina (4069 m) und auf die Silvretta-Gruppe. Kostenlose Führungen in die begehbare Gletscherspalte sind möglich. Liftbetrieb täglich von 10–16 Uhr, Infos unter www.gletscherpark.com

Zwischen Zürich und Altdorf breitet sich die Schweizer Gründlichkeit aus. Die Häuser mit den unzähligen, winzigen Fenstern und die Straßen wirken wie geleckt.

Touren in der Schweiz

6 Drachen und Puppenstuben

Schweizer Seenlandschaft

■ Etappen:
Lindau – Bregenz – Höchst – Rebstein – Altstätten – Appenzell – Urnäsch – Schwägalp – Rietbad – Wattwil – Rapperswil – Küsnacht – Zürich – Adliswil – Affoltern – Mettmenstetten – Cham – Zug – Walchwil – Küssnacht – Vitznau – Brunnen – Altdorf

■ Anreise:
Ausgangspunkt Lindau: ab Kreuz Ulm/Elchingen A 7 bis Memmingen, dann A 96 bis Lindau

■ Länge:
Ca. 230 km

■ Dauer:
2 Tage

■ Währung:
Schweizer Franken

■ Essen & Trinken:
Die Schweiz ist bekannt für ihr Züricher Geschnetzeltes mit Rösti, für deftige Gerstensuppe, Wildgerichte, Berner Platte (Geräuchertes, Würste und Bohnen), Müsli und Käse. Vor allem der Kanton Appenzell ist berühmt für seine Käseprodukte. Schokoladenliebhaber sollten sich in den Supermärkten mit den zart schmelzenden Schweizer Versuchungen eindecken. In den Bergregionen stellen die Winzer Gletscherweine her.

Über den Käsekanton Appenzell geht's zu den Schweizer Seen: Dicht beieinander liegen Zürichsee, Zuger See, Vierwaldstätter See und Urner See. Die mächtigen Berge schlummern im Hintergrund wie große Drachen, die geweckt werden wollen …

Lindau ist am Morgen besonders schön. Trotz des Trubels auf der Seepromenade scheint der steinerne Löwe auf dem Sockel der Hafeneinfahrt noch zu schlafen. Das Wasser jenseits des Hafenbeckens ist im Nebel verschwunden. Während man am See entlang nach Bregenz fährt, kann man beobachten, wie die Sonne den mil-

Hier starten die Ausflugsschiffe zu einer Rundfahrt auf dem Bodensee.

Pfänderbahn Bregenz

Die Bahn fährt hinauf zum Alpenwildpark. Steinbruchgasse 4, A-6900 Bregenz, Tel. +43/(0)5574/421 60, täglich von 9–19 Uhr.

chigen Schleier allmählich auflöst.

Schon kurz hinter Lindau erreicht man die österreichische Grenze. Es wird ländlicher, der Duft von Mist dringt ins Cabrio. Bis man die Schweiz erreicht, passiert man die weniger attraktiven Vororte von Bregenz.

Die Dachgiebel werden spitzer

Und wieder naht ein Grenzgang. In Höchst am Zollamt wird man als Einreisender kritisch beäugt: »Haben Sie

■ Unterkunft:
In Zürich-Adliswil: Hotel Ibis (ähnlich einem amerikanischen Motel aufgebaut, mit großen Betten und sehr freundlichem Service), Zürichstr. 105, CH-8134 Zürich-Adliswil, Tel. +41/(0)1/711 85 85, www.ibis.com
In Greppen am Vierwaldstättersee: Hotel Rigi-Drei Eidgenossen (romantisches kleines Hotel mit Seeblick und sehr empfehlenswertem Restaurant), Poststr. 1, CH-6404 Greppen, Tel. +41/(0)41/390 34 39, www.ferien-seminare-greppen.ch
In Altdorf: Hotel Zum schwarzen Löwen (zentral gelegenes Hotel mit uriger Fassade), CH-6460 Altdorf, Tel. +41/(0)41/874 80 80, www.hotelloewen-altdorf.ch

■ Sehenswürdigkeiten:
Zürich: Rundgang durch die historische Innenstadt, Infos unter www.zurichtourism.ch
Appenzell: Die Hauptgasse mit bunt bemalten Häusern und geschweiften Giebeln
Vierwaldstätter See: Rundfahrten mit den historischen Dampfschiffen (Schifffahrtsgesellschaft des Vierwaldstätter Sees, Werftstr. 5, CH-6002 Luzern, Tel. +41/ (0)41/367 67 67, www.lakelucerne.ch
Sisikon: Tellskapelle, um 1500 errichtet, vier Bilder stellen die Geschichte Wilhelm Tells dar.
Greppen: Das intakte Ortsbild des Schweizer Dörfchens ist von nationaler Bedeutung.

■ **Informationen:**
Schweiz Tourismus, Kaiserstr. 23, 60311 Frankfurt,
Tel. 069/256 00 10 oder
Tel. 069/25 60 01 60,
www.schweiz.ch

Tipp

Appenzeller Schaukäserei,
CH-9063 Stein,
Tel. +41/(0)71/368 50 70,
www.schaukaeserei.ch;
geöffnet März–Okt. täglich
von 9–19 Uhr.

Waren?« Als EU-Nicht-Mitglied und aufgrund der hohen Lebensmittelpreise in der Schweiz sind die Zollbeamten sehr streng. Wer Misstrauen erregt und den Kofferraum voll billiger Ware haben könnte, wird auf den Seitenstreifen gebeten. Als Cabrio-Fahrer muss man Kontrollen weniger fürchten, schließlich ist der Stauraum in der Regel sehr begrenzt, und schon allein das Gefährt symbolisiert das Ansinnen einer Urlaubsfahrt.

Die Schweiz breitet sich vor uns aus. Die Dachgiebel werden spitzer, die Fenster kleiner, dafür reihen sich bis zu zehn dieser kleinen »Gucklöcher« an einer Hauswand aneinander. Die Holzbalustraden der Häuser wirken viel filigraner gearbeitet als die im benachbarten Österreich. Typisch für die Region sind auch Schindeln, mit denen die Wände verkleidet sind. Hoch in den Hügeln stehen einfache Berghäuschen, in Marbach Schweizer Villen mit Türmchen und Erker. Das Schweizerdeutsch bringt einen zum

Schon am Morgen geht es auf der Seepromenade in Lindau geschäftig zu.

Schmunzeln: Brötchen werden zu »Brötli«, die Post zum »Pöstli«, die Straßen heißen »Im Gisli«.
Hinter Altstätten schraubt sich die Straße hoch nach Appenzell, den alles überragenden Säntis immer im Blick. Die Wiesen sind übersät mit Löwenzahn, Schafe zupfen sich frisches Gras von den Weiden. Das Idyll setzt sich in Gais fort. Der Marktplatz sieht aus, als wäre er aus dem Bilderbuch ausgeschnitten. Die Dächer des Dorfkerns sind nach vorn gebogen, die Fassaden in Pastelltönen bemalt. Zwei Wendungen weiter bieten Bauern Freilandeier und Käse an. Für letzteres Produkt ist der Kanton Appenzell bekannt.
In der Schaukäserei in Stein bei Appenzell kann man von einer Galerie aus die moderne Käseherstellung beobachten. Auf den Weiden hört man die Kuhglocken läuten. Appenzell selbst ist ähnlich ländlich gehalten. Kleine, bunte Häuschen mit Cafés, Töpfereien und Blumenläden zieren die Innenstadt.

Appenzell hat seinen eigenen Charme – eine Mischung aus Altertümlichkeit und Urigkeit.

Kurz hinter Zürich breiten sich die Bauernhöfe aus.

Wo noch die Drachen fauchen

Von Appenzell gelangt man zu den Wasserauen und der Ebenalpbahn. Von dort aus kann man Wanderungen und Bergtouren aller Schwierigkeitsgrade machen. Auf dem Weg zur Schwägalp geht es entlang von gelb gesprenkelten Weiden bergauf. Das Grün der Wiesen wandelt sich in Braun, Kiefern duften stattdessen intensiv. Auf 900 Metern Höhe zweigt die Straße nach links zum Skilift Schwägalp ab. Den Alpstein im Rücken nähert man sich dem Toggenburg. Der Nebel liegt noch wie ein weißer Schleier über der Landschaft. Viele Sagen haben hier ihren Ursprung. Wer ein schauerliches Fauchen vernimmt, sollte schleunigst Gas geben, denn es könnte Thurtier sein, ein riesiger Drache, der anno dazu-

mal zweimal gesichtet wurde, wie der Volksmund erzählt.

Am Zürichsee ist es weniger gespenstisch. Ab Rapperswil blickt man auf Schilf und die spiegelnde Oberfläche des Sees, alle paar Kilometer ankern kleine Boote an einem Steg. Das obere Seeufer ist viel beschaulicher als die andere Seite, denn von Fremdenverkehr ist hier nicht viel zu spüren. Die Villen direkt am See sind in Privatbesitz und Hotels recht rar.

Das Idyll endet in der größten Stadt der Schweiz: Zürich. Im Wirrwarr der Einbahnstraßen ist man besser ohne Auto unterwegs, z. B. um sich das Rathaus aus dem Jahr 1698, das Zunfthaus zum Rüden oder das romanische Großmünster aus dem 12./13. Jahrhundert anzusehen oder um einfach durch die hübschen Gassen der Altstadt zu flanieren. Einen Besuch wert sind auch die zahlreichen Museen der Stadt, wie z. B. das Centre Le Corbusier, das Kunsthaus oder das Indianermuseum, das einen einzigartigen Einblick in die Geschichte und Kultur dieser Naturvölker bietet.

Luftseilbahn Wasserauen-Ebenalp

Ausgangspunkt für zahlreiche Wanderungen. Auskunft unter Tel. +41/(0)71/ 799 12 12, www.ebenalp.ch

Hier regieren die Bauern

Am Stadtkern vorbei hält man sich Richtung Luzern und in Adliswil dann Richtung Albispass. Efeu rankt sich die Baumstämme empor, der Wagen schraubt sich durch Laubwald über Adliswil aufwärts: erst die braunen Dächer der bürgerlichen Schweizer Häuser, dann das Blau des Türler Sees. Hier, kurz hinter Zürich, regieren nicht mehr die Banken, sondern die Bauern. Ein Mann mäht mit der Sense seinen Vordergarten, während eine Frau die Blumen auf dem Balkon auszupft.

Über Cham gelangt man nach Zug. Hier sollte man vom Gas ge-

Die Natur wirkt noch unberührt.

Die Straße wird immer steiler: Der Albispass naht.

hen. Der Ortskern besteht aus prachtvollen, spätgotischen Häusern mit Erkern und treppenförmigen Dächern. Markant ist der Fähnrich mit der Zuger Standarte am Kolinplatz.

Schweizer Gründlichkeit breitet sich bis zur Seespitze aus – alles wirkt wie frisch geputzt und gewissenhaft gepflegt: Gehsteige, Vorgärten, Seepromenade. In Richtung Küssnacht ist man wieder vom Verkehr umzingelt, rechts die Bahnlinie, links die Autobahn. Adieu, Zuger See, heißt es in Immensee. Doch schon der nächste See naht: Ab Küssnacht erblickt man das blitzende Blau des Vierwaldstätter Sees. Am kleinen Ort Greppen sollte man nicht vorbeibrausen, denn in den schmalen Straßen des Orts fühlt man sich wie in einer Schweizer Puppenstube: bunt, putzig und urig.

An Felsen entlang

Hinter Vitznau windet sich die Straße an Felsen entlang, zur Linken schaukelt der See, und große Touristendampfer blasen grauen Dampf in die Luft. Der weiße Mittelstreifen ist durchgezogen, und es empfiehlt sich, auf der unübersichtlichen Strecke nicht zu überholen. Ab Brunnen knickt das Gewässer nach Süden ab und geht in den Urner See über.

In Sisikon kann man bei einem Spaziergang zur Tellskapelle die steif gewordenen Glieder ein bisschen lockern. In zehn Minuten hat man die bemalten Wände des zur Seeseite offenen Kirchleins erreicht. Sie erzählen die Legende, nach der sich Wilhelm Tell während eines Föhnsturms als Gefangener des Landvogts an dieser Stelle mit einem gewaltigen Sprung an Land rettete.

Tell hat auch Altdorf, den Schlusspunkt der Tour, bekannt gemacht. Hier feuerte der Nationalheld seinen legendären Schuss auf den Apfel ab. Ein großes Denkmal erinnert daran.

Überall flattert das weiße Kreuz auf rotem Hintergrund im Wind.

Die Schweizer Häuser sind unvergleichlich: Bis zu zehn kleine Fenster sind in einer Reihe angeordnet.

7 Gipfel der Genüsse

Im Kurven-Eldorado der Südschweiz

Etappen:
Andermatt – Oberalppass – Sedrun – Disentis/Muster – Curaglia – Passo del Lucomagno – Olivone – Biasca – Castione – Grono – Mesocco – San Bernardino – Passo San Bernardino – Splügen – Passo dello Spluga – Campodolcino – Chiavenna – Stampa – Malojapass – St. Moritz

Anreise:
Ausgangspunkt Andermatt: ab Kreuz Ulm/Elchingen A 7 bis Memmingen, A 96 bis Lindau, A 1 bis Zürich, A 4, dann A 14 bis Luzern und A 2 bis Andermatt

Länge:
Ca. 250 km

Dauer:
2–3 Tage

Währung:
Schweizer Franken

Essen & Trinken:
Die Schweiz ist bekannt für ihr Züricher Geschnetzeltes mit Rösti, für deftige Gerstensuppe, Wildgerichte, Berner Platte (Geräuchertes, Würste und Bohnen), Müsli und Käse. Im Tessin werden Polenta, Risotto, Pizza und Pasta serviert. Dazu reicht man Merlot und Nostrano, aus eigenen Trauben gereift. Auch Gletscherweine stellen die Winzer her.

Die Schweizer Berge er-fahren: eine Drehorgie in die weiße Pracht zu den Gipfeln der Genüsse. In den Kurven zum Oberalp-, San-Bernardino- und Splügenpass drehen nicht nur die Räder durch.

Skistiefel klackern auf dem Asphalt, vor der Windschutzscheibe erscheinen Urlauber mit ihren geschulterten Brettern – man selbst

Ein Ausflug in die Schweizer Bergwelt ist eine Reise zu den Spitzenlagen der Gipfel.

sitzt mit T-Shirt im Cabrio und trägt zum zweiten Mal Sonnencreme auf, die Stirn wird trotzdem immer röter. In Andermatt ist so etwas möglich: Im Tal der milde Frühling, und auf dem Berg frönen die Wintersportler dem weißen Rausch. Die Gondel befördert sie auf den fast 3000 Meter hohen Gemsstock. Schneesicher bis in den April hinein ist das Andermatter Skigebiet und beliebt bei den Freunden des Frühlingsfirns.

Bis auf 2048 Meter

Die direkte Verbindung von Andermatt in den südlichsten Schweizer Kanton Tessin ist der Gotthardpass. Reizvoller ist der Oberalppass; er liegt weitab von der Autobahn und führt vom Ortszentrum bis auf 2048 Meter Höhe. Die Straße ist gut ausgebaut, die Räder drehen sich geschmeidig in die Kurven. Einige Kehren später hält man die Brettlträger im Tal nicht mehr für verrückt: Links und rechts der Autotüren bauen sich Schneewände auf. Die Sonne knallt auf das Weiß. Das Schmelzwasser rauscht an der Straße entlang. Nebenan keucht die Oberalpbahn den Berg hinauf – mit den Pferdestärken des Autos kann sie nicht konkurrieren, und schnell ist sie abgehängt. Hartnäckiger sind da die einheimischen Fahrer.

Vor Sedrun wird die Straße dann eng und holperig. Das hindert manche Schweizer nicht daran, ihre tiefergelegten Wagen an einem vorbeizupeitschen. Aber das ist auch schon die größte Aufregung, die einem im Val Tavetsch widerfahren kann.

Tipp

Am zweiten Septemberwochenende findet in Chiavenna das traditionelle Grottenfest »Sagra dei Crotti« statt. Das Publikum hat auch Zugang zu Privatgrotten.

Unterkunft:
In Andermatt: Kronen Hotel (schönes, zentral gelegenes Hotel), Gotthardstr. 64, CH-6490 Andermatt, Tel. +41/(0)41/887 00 88, www.kronenhotel.ch
In St. Moritz: Landhotel Meierei (Landhotel, das von St. Moritz aus gesehen am anderen Ende des Sees liegt – ein idyllisches, uriges Anwesen), Via Dim Lej 52, CH-7500 St. Moritz, Tel. +41/(0)81/833 20 60, www.hotel-meierei.ch

Sehenswürdigkeiten:
Chiavenna: Piazza Pestalozzi, ein schöner mittelalterlicher Platz mit Pestalozzi-Palast und Brunnen sowie Grotten
Promontogna: Mittelalterliche Feste Castelmur mit Kirche Nossa Donna; geöffnet 15.6.–15.10., Di–So 14–17 Uhr, 15.7.–15.9. zusätzlich 9.30–11 Uhr
St. Moritz: Engadiner Museum in den Via del Bagn 39, mit Prunksälen und prächtig getäfelten Stuben; geöffnet Juni–Okt., Dez.–April Mo–Fr 9.30–12/14–17 Uhr, So 10–12 Uhr, Mai und Nov. geschlossen, www.engadiner-museum.ch

Informationen:
Schweiz Tourismus, Kaiserstr. 23, 60311 Frankfurt, Tel. 069/256 00 10, www.fremdenverkehrsamt.com/schweiz.html

Hinter Chiavenna rauscht das Schmelzwasser ins Tal.

Nur noch Nadelgehölz

Ansonsten gibt es hier Natur pur, und zwar von ihrer rauen Seite. In diesen Höhenlagen wächst nur Nadelgehölz, Dörfer wie Disentis/Muster leben vom Skitourismus. Es ist der letzte Zipfel der Wintersportregion Gotthard-Oberalp. Hier zweigt die Route nach Süden ab.

Ein Pass steht noch bevor: der Passo del Lucomagno. Zunächst verschlingen Felswände das Cabrio. Die Medelser-Schlucht öffnet sich; zwischen den Felsen führt eine breite Straße hindurch. Dahinter stehen oben in den Hängen Holzgerüste – ohne Schnee sehen die »Lawinenbremsen« eigenartig nackt aus. Das Hügelland wellt sich dahin, die Sonne taucht die grauen Bauernhäuser in ein warmes Licht. Auf knapp 2000 Metern regiert der Nebel, es ist feuchtkalt, die Aussicht verliert sich im Nichts. Man mag sich hier kaum länger aufhalten, der Schweizer Sonnenkanton lockt.

Am Fuße des St. Bernhard gedeiht auch Wein.

Auf dem Weg ins Val Blenio nach Biasca wird die Luft Kurve um Kurve trockener und wärmer. Die feuchten Felsen schimmern wie Diamanten in der Sonne. Hier wird aus ihnen Geld gemacht: In

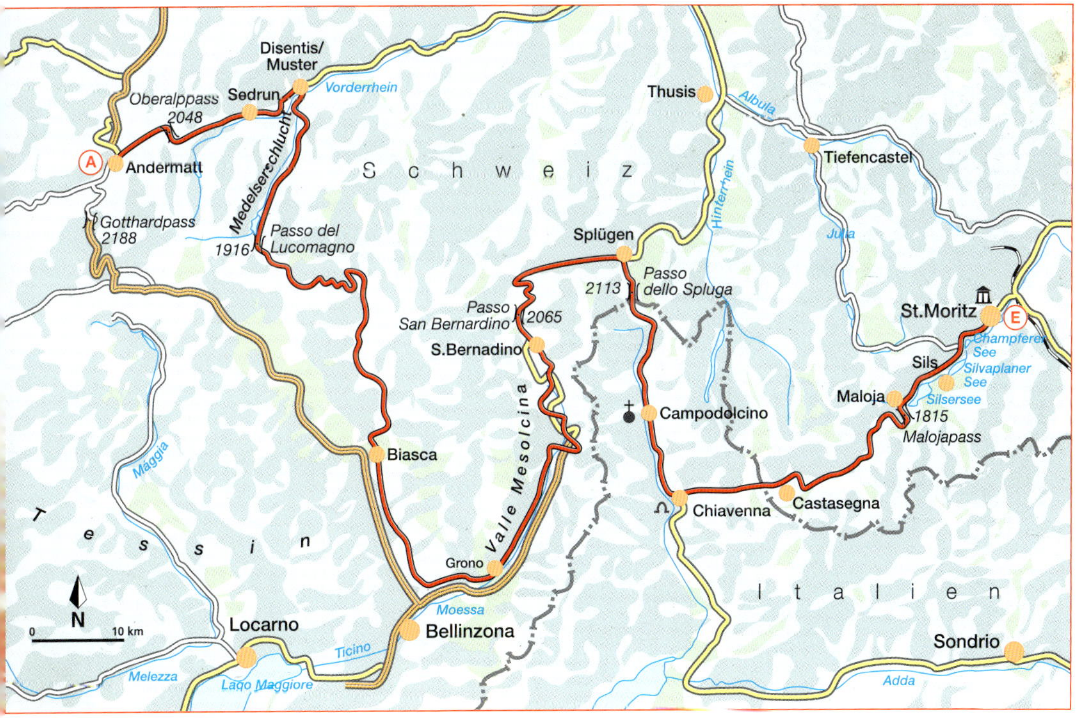

Alphornkonzerte auf dem Berg

Am 21. August finden auf dem Corvatsch, am 22. August auf dem Muottas Muragl und am 23. August auf der Diavolezza Alphornkonzerte statt. Infos unter Tel. +41/(0)81/830 00 00, www.engadinferien.ch

Lodrino wird das Gestein abgesprengt und zerkleinert. Am Fuß des Steinbruchs lagern Riesenbrocken. Mit den Resten hat man die Straße befestigt, anstelle von Pfosten aus Plastik stehen hier Steinplatten, die über einen rostigen Draht miteinander verbunden sind.

Man ist in der italienischen Schweiz angelangt. Bis kurz vor Bellinzona saust man der Sonne entgegen. Der Lago Maggiore ist keine halbe Stunde entfernt. Danach will aber der Passo San Bernardino bezwungen werden, mit 2065 Metern knapp niedriger als der Gotthard. Im Hintergrund des Val Mesolcina entdeckt man bereits die weiße Spitze des San Bernardino. Vorher holpert man noch durch einige kleine Ortschaften. Geduld ist gefragt. In Grono ist die Ortsdurchfahrt so eng, dass der Verkehr wechselweise per Ampel durchgeleitet wird.

In den weiteren Dörfern sind Bauarbeiter dabei, die Löcher im Asphalt zu stopfen. Viel Verkehr erleben die Orte seit dem Bau der Autobahn und dem Bernhard-Tunnel nicht. Nur die Einheimischen und Kurvenfreunde, wie z. B. Motorradfahrer, sausen hier vorbei: an den lachsfarbenen Häusern mit den grünen Fensterläden.

Wie ein Wurm kriecht der Malojapass nach St. Moritz den Berg hinauf.

Verlassene Steinhäuser

Nach oben hin wird es einsamer. Keine anheimelnden Dorfhäuschen mehr, nur verlassene Steinhäuser. Und viel Bewegung für die Hände. In früherer Zeit mag der Weg ins Bergdorf San Bernardino beschwerlich gewesen sein, da man ihn zu Fuß zurücklegen musste. Heute genießt man Kurve um Kurve die frische, würzige Waldluft und den Blick auf den zackig in den Himmel ragenden Piz Uccello. San Bernardino ist nicht nur als Skiort bekannt, es hat sich auch wegen seines Wassers einen Namen gemacht. Mit konstanten 9 °C entspringt es der Erde. Dort hat es bis zu seinem Austritt zwischen 20 und 30 Jahre lang geruht. Die Quelle ist das ganze Jahr über geöffnet.

Hinterrhein ist ein Bauerndorf wie aus vergangenen Zeiten. Die schmale Dorfstraße verschwindet fast unter Misthaufen – Luft anhalten ist hier angesagt. Bis Splügen wird die Strecke leider kaum schöner. Wer Zeit sparen will und sich natürlich eine Vignette für die Schweiz gekauft hat, kann das kurze Stück auf der Autobahn überbrücken – die Ausfahrt »Splügen« aber nicht verpassen! Hier beginnt der gleichnamige Pass. Das Dorf sieht noch aus wie damals, als Napoleon, Erasmus oder Goethe sich hier von den Strapazen ihrer Bergbesteigungen erholten.

Das Bergell zwischen Chiavenna und dem Malojapass vereint italienisches Flair mit alpiner Schroffheit.

Der Passo dello Spluga ist noch ein kleines Abenteuer. Schmal windet sich die Straße den Berg hinauf. Im Vergleich mit den grauen Riesen ringsumher fühlt man sich wie ein Zwerg. Der Piz Tambo ragt zur Linken satte 3279 Meter in die Höhe, das Surettahorn 3027 Meter. Hier bekommt man Ehrfurcht vor den Naturgewalten, und man könnte beinahe vergessen, Gas zu geben. Der Wagen dreht sich scheinbar unendlich in die Höhe bis auf über 2000 Meter. Die Gegend ist bekannt für ihre Murmeltiere – und prompt taucht am Straßenrand ein buschiger Schwanz auf, der sogleich wieder hinter einem Felsvorsprung verschwindet.

Karg und ärmlich wird die Landschaft auf dem Weg zum Lukmanierpass.

Chiavenna – »Schlüssel der Täler«

Auf dem Weg nach Chiavenna passiert man Campodolcino. In der kleinen Dorfkirche aus dem Jahr 1528 stehen vergoldete Altäre aus dem 17. Jahrhundert. In Chiavenna selbst hat man sich nach den vielen Drehungen und Wendungen eine Pause verdient. Die Stadt ist auch viel zu schön, um achtlos an ihr vorbeizufahren. Hier vereinen sich Südländisches und Hochalpines.

Früher hatte der Ort, der aus dem Lateinischen übersetzt »Schlüssel der Täler« heißt, eine strategisch wichtige Lage als Ausgangspunkt zum Splügen, Maloja- und Septimerpass. Seine Schlüsselrolle verlor er, als 1882 der Alpentunnel St. Gotthard eröffnet wurde. Man fühlt sich beim Durchfahren der Altstadt auf den schmalen Straßen in uralte Zeiten zurückversetzt – wie z. B. auf dem Pestalozzi-Platz mit mittelalterlichem Palast und Brunnen. Der Ort ist auch berühmt wegen seiner »Crotti«, der alten Höhlen, in denen Käse, Wurst und Wein reifen bzw. konserviert werden. In den durch Erdrutschen entstandenen Grotten herrscht eine gleichbleibende Temperatur von 6 bis 8 °C. Vor den

Die Oberalpbahn hängt man locker ab.

Höhlen stehen Bänke und Tische – hier werden in den Lokalen einheimische Spezialitäten aufgetischt.
Hinter Chiavenna beginnt das kleinste italienischsprachige Südtal Graubündens, das Bergell, durch das man zum Malojapass hinauffährt. In Castasegna befindet sich einer der prächtigsten Kastanienhaine der Schweiz. Fast schnurgerade zieht sich die Straße zwischen den kleinen Dörfern des Bergell hin, bis scharfe Kurven wieder die Reifen zum Quietschen bringen: Es geht zum Malojapass hinauf. Die Tornanti liegen immer dichter beieinander, in einen höheren Gang zu schalten, lohnt sich kaum. 14 Kehren später ist man auf 1815 Metern Höhe am Malojapass angelangt.
Kurz dahinter durchfährt man den gleichnamigen Ort, der am Ende des Silser Sees liegt. Bis St. Moritz sind es noch 16 Kilometer. Die führen vorbei am Silser und am Silvaplaner See, dann tauchen schon die Hotelpaläste des mondänen Skiorts auf.
Einen weiteren Passleckerbissen kann man auf dem Heimweg Richtung Deutschland genießen: den Julierpass, über den man das rätoromanischsprachige Oberhalbstein, die Lenzerheide und die Hauptstadt Graubündens erreicht.

Über Andermatt stockt einem fast der Atem beim Ausblick auf die mächtigen Riesen ringsherum.

Rings um den Gardasee erlebt man italienisches Flair gepaart mit alpinem Charme.

Touren in Italien und Südtirol

8 Dem Himmel so nah

Vom ewigen Eis zum süßen Wein

Über das eisige Timmelsjoch in die Weingärten Südtirols: Einer der abenteuerlichsten Wege in den Süden verläuft über das Timmelsjoch. Kurven und Kehren scheinbar endlos – auf 2509 Metern ist das Ziel erreicht: die italienische Grenze, eingebettet in Schnee.

Ab Garmisch-Partenkirchen darf das Verdeck geöffnet werden. Die Autobahn ist zu Ende, ab hier führen reizvolle Landstraßen in den Süden. Das Zentrum der Kurstadt ist immer gut besucht, im Sommer mit Wanderern, im Winter mit Skifahrern. Die Häuser

Etappen:
Garmisch-Partenkirchen – Grainau – Lermoos – Biberwier – Nassereith – Imst – Oetz – Längenfeld – Sölden – Zwieselstein – Timmelsjoch – St. Leonhard – St. Martin – Dorf Tirol – Meran – Merlan – Lana – Terlan – Eppan – Kaltern – Tramin – Margreid – Mezzocorona – Trento

Anreise:
Ausgangspunkt Garmisch-Partenkirchen: ab München A 95 bis Ausfahrt »Garmisch-Partenkirchen«

Länge:
220 km

Dauer:
3 Tage

Essen & Trinken:
Südtirol ist berühmt für seine Weine, u. a. Kalterersee Auslese, Vernatsch, Blauburgunder und Cabernet. Entlang der Weinstraße befinden sich viele Weingüter, die ab Hof verkaufen. Auf den Tisch kommen auch unzählig viele Knödelvarianten – deftig als Kräuter-, Spinat-, Käse-, Speckknödel oder süß als Marillen-, Topfen-, Zwetschgenknödel. Ebenso typisch sind die Schlutzkrapfen (Teigtaschen gefüllt mit Spinat, Frischkäse, dazu Butter, Parmesan), das Bauerngröstl oder der echte Tiroler Speck.

Der Weg bis zum Timmelsjoch ist weit. Auf 2509 Höhenmetern ist man am Ziel.

sind prachtvoll mit bayerischen Motiven bemalt – und über den Dächern thront die Zugspitze. Am östlichen Ortsende befindet sich der Zugang zur Partnachklamm: Ein schmaler Pfad ist in den Felsen gehauen, und teils gebückt wandert man entlang der kristallklaren Partnach durch die felsige Schlucht. Wasser tropft von den Wänden, vereinzelt blinzelt die Sonne in die Klamm.
Ab Grainau kann man ganz gemütlich auf die Zugspitze (2964 m) gelangen – entweder mit der Eibseeseilbahn oder mit der Zahnradbahn. Von November bis Mai ist hier oben die Schneedecke dicht, und vom Liegestuhl aus genießt man ein tolles Bergpanorama.

Im Rückspiegel: die Zugspitze

Von Garmisch geht es nach Ehrwald und von dort zum Fernpass. Links und rechts der Straße ragen Nadelwälder empor. Die Straße beginnt breit, wird aber immer schmaler. Beim »Aufstieg« sollte man den Rückspiegel im Visier haben, denn auf entsprechender Höhe hat man einen hübschen Blick auf die Zugspitze. Ab 1209 Metern Höhe geht es dann wieder bergab, und die Passstraße windet sich hinunter nach Nassereith.

Über Imst trifft man auf die Ache, die in das Ötztal einbiegt. Im Osten erheben sich die Stubaier, im Süden die Ötztaler Alpen. Bekannt wurde das Tal durch den Fund eines 5000 Jahre alten Menschen, den das Eis über Jahrhunderte konserviert hatte: den »Ötzi«. Sehr beliebt bei Skifahrern ist die Ortschaft Sölden, die kurz vor dem Timmelsjoch liegt. Im Sommer wirkt der Ort hingegen beinahe wie eine Geisterstadt; die Talstation der Gondelbahn ist ebenso leer, wie es die Gehwege sind. Ohne Schnee sieht der Ort

■ Unterkunft:
In Grainau: Haus Neuner (urig eingerichtete Pension mit günstigen Übernachtungspreisen), Marianne Millian, Kramergasse 4, 82491 Grainau, Tel. 08821/89 95, www.millian.de
In Sautens (Ötztal): Hotel Daniel*** (in schöner Lage oberhalb des Orts, preisgünstig im Sommer), Familie Pohl, A-6432 Sautens/Ötztal, Tel. +43/(0)5252/62 72, www.hotel-daniel.com
In St. Martin: Saltauserhof (romantische Burgatmosphäre in schöner Lage oberhalb von Meran; s. Tipp)
In Dorf Tirol: Gasthof Schloss Thurnstein, St. Peter, I-39019 Dorf Tirol, Tel. +39/(0)473/22 02 55, www.thornstein.it
In Kurtatsch: Kraidlhof (sehr ruhig gelegener Bauernhof in herrlicher Panoramalage), Familie O. Mayr, Hofstatt 2, I-39040 Kurtatsch 1, Tel. +39/(0)471/88 02 58, www.kraidlhof.com

■ Sehenswürdigkeiten:
Schloss Tirol: Frühgotische Fresken, Kreuzigungsgruppe in Kapelle; geöffnet 9.3.–9.12. täglich von 10–17 Uhr, von 1.–31.8. bis 18 Uhr, Mo geschlossen, www.schlosstirol.it
St. Leonhard in Passeier: Führung zur Fundstelle der 5000 Jahre alten »Ötzi«-Mumie, Bergführervereinigung Passeier-Schnals, Jaufenstr. 40, I-39015 St. Leonhard in Passeier, Tel. +39/(0)473/65 67 88, www.iceman.it
Trento: Piazza del Duomo mit Neptunbrunnen (1768) und Dom San Vigilio

■ Informationen:
Tourismusverband Ötztal, Postfach 2, A-6433 Oetz im Ötztal, Tel. +43/(0)5252/66 69, www.tiscover.com/oetz; Tourismusverband Meraner Land, Gampenstr. 101, I-39012 Meran, Tel. +39/(0)473/20 04 43, www.meranerland.com; Südtirol Marketing, Pfarrplatz 11, I-39100 Bozen, Tel. +39/(0)471/41 38 08, www.suedtirol.info

recht nackt und hässlich aus – viel Beton und Reklametafeln statt Holzbalustraden und Natur.

Steile Kurven

Hinter Sölden beginnt das Abenteuer Timmelsjoch. Die Hochalpenstraße wurde 1968 fertiggestellt. Sie ist von Ende Juni bis Mitte Oktober von 7 bis 20 Uhr befahrbar. Unzählige steile Kurven bringen den Wagen dem Himmel immer näher. Am Anfang rauschen Wiesen und Wälder vorbei, später kantige Felsen, von denen kleine Sturzbäche herabprasseln. Das Gras schimmert so ockergelb wie die afrikanische Steppe. Von oben sieht man die Passstraße wie einen sich windenden Wurm den Berg heraufkriechen. Es wird immer kälter. In den kurzen Tunnels würde man am liebsten das Verdeck schließen: Die Dunkelheit packt einen eiskalt im Genick, von der Decke sausen dicke Tropfen herab. Doch es lohnt sich, weiterhin mit offenem Verdeck zu fahren. Man riecht

Auf der Wiese vergessen: ein alter Karren

hier nicht nur mitten im Sommer den Winter, man sieht ihn auch: Die weißen Spitzen der Berge bohren sich in den blauen Himmel, und am Straßenrand liegt Schnee.

Auf 2509Metern Höhe flattert zum Abschied die österreichische Flagge im Wind, ein paar Meter weiter grüßt die italienische. Schnee und Kälte sind nur noch eine Frage der Zeit, denn im Tal erwartet Süd tirol seine Besucher mit Palmen und Zypressen.

Hinter dem Pass geht es hinunter nach Südtirol.

Tipp

Hotel Saltauserhof,
Passeierstr. 6,
I-39010 St. Martin,
Tel. +39/(0)473/ 64 54 03,
www.saltauserhof.com

Höfe an steilen Hängen

Am Ende des Passes beginnt das Passeiertal. Zusammen mit dem Ultental bildet es das Burggrafenamt – so genannt wegen seiner vielen Burgen und Schlösser. Es ist die reichste Region Südtirols. Haupteinnahmequellen sind der Fremdenverkehr und der Obstanbau. Bei St. Leonhard wirkt das Land noch rau, die Höfe liegen an steilen Hängen. Die Passer sprudelt entlang der Straße. St. Martin besteht aus hübschen Bauernhäusern, die von riesigen Obstplantagen umgeben sind. Im Herbst sind die Äste voller knackig gelber Äpfel, und im Hintergrund erheben sich in schönem Kontrast dazu die Sarntaler Alpen.

Schildhof Saltaus

Hinter St. Martin befindet sich direkt an der Straße der zinnengeschmückte Schildhof Saltaus. Heute beherbergt er ein Hotel mit Restaurant, früher bewohnte der niedrige Adel das prächtige Gebäude. Die Schildhöfe gelten als Besonderheit des Tals; es gibt insgesamt zwölf solcher Güter im Burggrafenamt. In ihren Besitz kamen die Menschen damals als Gegenleistung für den Waffendienst (Schilddienst) für den jeweiligen Landesfürsten. Sie genossen zudem besondere Privilegien, wie z. B. Steuerbefreiung und Jagd- und Weidrechte.

In weiten Bögen bringen uns die Kehren dem Himmel immer näher.

In Richtung des Wallfahrtsorts Riffian wird die Vegetation allmählich südlicher. Zu den Obstbäumen gesellen sich Weinreben, von denen rote Trauben baumeln. Das Tal wird kurz vor Meran eng. Links und rechts werden das Schloss Schenna und die Zenoburg über der Passerschlucht sichtbar.

Die Bauernhöfe sind mit Liebe zum Detail geschmückt.

An der Strecke liegt kurz vor Meran das Dorf Tirol. Es ist eine der ältesten Siedlungen des Burggrafenamts. Von hier aus gelangt man auf einem einen Kilometer langen Fußweg zum Schloss Tirol, das dem Land seinen Namen gab. Es wurde 1125 bis 1140 erbaut. Sein Name stammt von einem uralten Höhenweg oberhalb des Meraner Beckens.

Meran, die zweitgrößte Stadt Südtirols, sollte man auf keinen Fall links liegen lassen. Wegen ihrer geringen Luftfeuchtigkeit hat sie den Status eines Kurorts. Hier wird die mediterrane Ader Südtirols zum ersten Mal so richtig fühl- und sichtbar: mondäne Villen mit Palmen in den Gärten, im Stadtkern unzählige Straßencafés und kleine Gässchen, gesäumt von den sogenannten Lauben (Torbögen), in denen kleine Geschäfte untergebracht sind.
Meran verlässt man Richtung Lana. Der Ort hat keine besonderen Reize, ist aber sehr wohlhabend, da er der wichtigste Obstproduzent Südtirols ist. Riesige Apfelplantagen umgeben den Ort. Hier wird ein Teil des Obsts auch zu Marmelade und Säften weiterverarbeitet.

Tappeinerweg

Über 5 km verläuft die Wanderung am Tappeinerweg entlang einer wunderschönen, palmengesäumten Promenade von Meran nach Gratsch. Ausgangspunkt ist der Steinerne Weg im Stadtzentrum von Meran.

Sonnengereifte Trauben

Hinter Lana beginnt die Südtiroler Weinstraße, eine wunderschöne Panoramastrecke, die kurz vor Trient endet. Die Obstplantagen werden allmählich durch Weinhänge voller sonnengereifter Trauben ersetzt. Von der Straße aus blickt man ringsherum auf das grüne Laub der Weinpflanzen, und im Hintergrund ragen auf der rechten Seite die Berge der Ortler-Gruppe empor. An der idyllischen Strecke passiert man urige Weindörfer wie Terlan und Margreid sowie berühmte Orte wie Eppan und Kaltern, wo gute Tropfen wie Vernatsch, Blauburgunder und Gewürztraminer reifen.

Hier feilschen die Bauern um die besten Preise für ihre Schafe.

S PR 33

Die Sonne heizt dem Schnee ganz schön ein. Das Schmelzwasser fließt.

Linke Seite: Den Weg über das Joch nehmen nur echte Kurvenfreaks auf sich – so muss man die Straße auch nicht mit allzu vielen teilen.

70 Prozent der rund 50 Quadratkilometer großen Rebfläche Südtirols befinden sich entlang der Weinstraße. Aus 20 Weinsorten werden jährlich 400 000 bis 500 000 Hektoliter Traubensaft gewonnen. Von Kaltern aus empfiehlt sich ein Abstecher zum Kalterer See, dem wärmsten See der Alpen, der inmitten von Wald und Reben liegt. Auf der Weiterfahrt kommt man durch Tramin, den Heimatort des Gewürztraminers. Hier sei allen Kunstfreunden der Weg zum Kirchlein St. Jakob in Kastellaz empfohlen, das einen herrlichen romanischen Freskenzyklus beherbergt.

Freskenverzierte Häuser

Hinter Margreid endet dann Südtirol, und das Meer der Reben »ebbt« schlagartig zurück. Bis Trient sind es jetzt nur noch wenige Kilometer. Nun geht's entweder weiter über die Landstraße (Mezzocorona, S. Michele all'Adige, Lavis), oder man fährt über ein kurzes Stück Autobahn ab S. Michele bis zur schönen Provinzhauptstadt Mezzocorona, die mit einem eindrucksvollen Dom und freskengeschmückten Häusern begeistert.

Tipp

Weinverkostung im Rebschulhof Kaltern (auch Zimmervermietung): Hier werden Chardonnay, Cabernet und Kalterersee eingekeltert. Der Besitzer ist Weinbaufachmann (Saltnerweg 32, I-39052 Kaltern 1, Tel. +39/(0)471/96 26 09, www.rebschulhof.it).

9 Abtauchen und aufdrehen

Zum berühmtesten See Italiens

■ **Etappen:**
Trento – Arco – Torbole – Malcesine – Bardolino – Desenzano – Salò – Gargnano – Limone – Riva
Abstecher Lago di Ledro: Riva – Biacesa – Molina di Ledro – Pieve di Ledro
Abstecher Monte Baldo: Castelletto di Brenzone – Prada – Covalli – Parkplatz Monte Baldo

■ **Anreise:**
Ausgangspunkt Trento: ab München A 8 bis Inntaldreieck, A 93/A 12 bis Innsbruck, Brennerautobahn A 13/A 22 bis Trento

■ **Länge:**
Ca. 250 km (inkl. Abstecher)

■ **Dauer:**
3 Tage

■ **Essen & Trinken:**
Die Regionen rings um den See sind ein einziges Feinschmeckerparadies. Vom Bardolino bis zum Chardonnay wachsen hier die Trauben an den sonnigen Hängen, und die Abfüllungen sind auf den Weinkarten der Restaurants zu finden. Man kann sich eine Gardaseeforelle an Gemüse zubereiten lassen, Trüffel verkosten oder den typisch italienischen Gerichten wie Pizza, Pasta und Risotto frönen. Man sollte auch nicht vergessen, regionales Olivenöl einzukaufen. Den »Dolci« – von sahniger Eiscreme über Tartufo bis Tiramisu – kann man nur schwer widerstehen. Den Magen schließt ein Espresso.

Gardasee – Genießer können hier abtauchen: im blauen Wasser, zwischen gelb getünchten Häusern – oder aufdrehen: auf den kurvenreichen Straßen, die sich um die Felsen schmiegen.

Ab Trento ist das Verdeck überflüssig. Eine Landstraße windet sich über Cadine und Vezzano ins Sarca-Tal. Die Autobahnzugluft wird von milder Schwüle abgelöst. Hinter den Weinreben erhebt sich rechts die Bergkette des Casale, links die des Stivo. Je näher man Arco kommt, desto weniger sieht man blaue Trauben – an den dünnen Ästen der Bäume reifen Oliven.

Über Arco thront die Burg; hier lebten einst die Grafen von Arco. Im 13. Jahrhundert erbaut, wurde die alpine Festung 1703 zum wiederholten Male zerstört. Heute kann man die Burg über einen 20-minütigen Fußmarsch erreichen; zwei Türme und die Kapelle sind noch zu besichtigen.

Radlerhosen statt schicker Zwirn

Die meisten Menschen in den schmalen Gassen von Arco sehen gar nicht so aus, wie man es von Italienern erwarten würde: Statt Leder- zieren Turnschuhe die Füße, über die Oberschenkel spannen sich statt schickem Zwirn Radlerhosen. Der Ort ist das Eldorado sportlicher Touristen: An den Felsen hangeln sich Kletterer hinauf, Mountainbiker und Wanderer erklimmen auf schmalen Pfaden die Höhen.

In Arco hält man sich Richtung Torbole, der »europäischen Hauptstadt der Surfer«. Hier sind die Urlauber auf ihr Dach als Stauraum angewiesen – auf den Gepäckträgern sind ihre Boards befestigt, mit denen sie wegen der optimalen Windverhältnisse schon am frühen Morgen kurz nach Sonnenaufgang über die Wellen sausen. Heute bevölkern sie den Ort, der schon Goethe 1786 auf seiner Italienreise wegen seiner bizarren Kulisse aus See und steil aufragenden Felswänden in seinen Bann zog. Er genoss das Panorama bei einem Abendspaziergang und anschließend die ersten Feigen seines Lebens. An den Aufenthalt des Dichters erinnert heute eine Gedenktafel an der Casa Alberti auf der Piazza Vittorio Veneto. Am Tag darauf wurde er übrigens beim Zeichnen in der Burg von Malcesine vorübergehend als österreichischer Spion festgenommen …

Die Straße windet sich nun direkt am See entlang nach Malcesine. Zur Linken ragen Felsen in die Höhe, rechts breitet sich der See aus; sein Ufer erinnert an Fjordlandschaften. Der kleine Ort Malcesine gilt als »die Perle des Gardasees«. Um die Scaligerburg ver-

Auf dem Weg zum Lago di Ledro darf man einige Kurven ziehen.

■ Unterkunft:
In Malcesine: Hotel Augusta*** (Familienbetrieb mit Swimmingpool, Balkon mit Seeblick), Loc. Panzano 27, I-37018 Malcesine, Tel. +39/(0)45/740 03 00, www.hotelaugusta.info
In Bardolino: Hotel Al Parco (in der Altstadt gegenüber vom jahrhundertealten Park, 120 m Luftlinie zum See), Via Fosse 20, I-37011 Bardolino, Tel. +39/(0)45/721 00 39, www.hotelparco.it
In Desenzano: Residence Villa Maria (2 km vom Ortskern entfernt, mitten in einem großen Park, wenige Gehminuten zum nächsten Strand), Via Michelangelo 150, I-25015 Desenzano, Tel. +39/(0)30/990 17 25, www.gardalake.it/villa-maria

■ Sehenswürdigkeiten:
Trento: Piazza del Duomo mit Neptunbrunnen (1768) und Dom San Vigilio
Malcesine: Malerische Altstadt mit engen Gassen und Scaligerburg (13./14. Jh.) mit steil zum See abfallendem Felssporn
Riva del Garda: Piazza 3 Novembre, eingefasst von Laubgängen, 34 m hoher Stadtturm Torre Apponale (14. Jh.)
Varone-Wasserfälle: 100 m hoher Wasserfall, der durch einen turmhohen Spalt in die Tiefe rauscht, 3 km nördlich von Riva (beschildert); geöffnet von Mai–August täglich 9–19 Uhr

Informationen:
Staatliches Italienisches Fremdenverkehrsamt, Kaiserstr. 65, 60329 Frankfurt, Tel. 069/23 74 30, www.unterkunft.de

Tipp

Alljährlich findet vom 29.9.–2.10. das Wein- und Traubenfest zu Ehren des »Bardolino Classico D.O.C.« statt. Infos unter www.bardolino.it

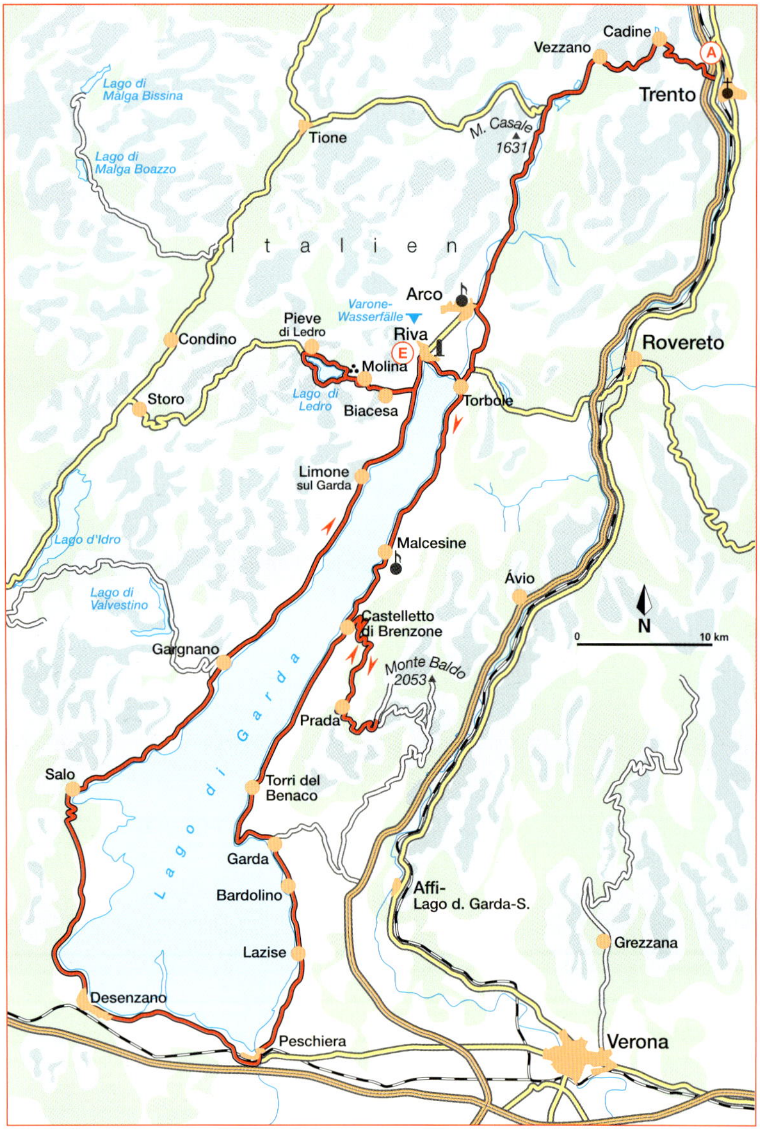

Auf der Straße entlang dem See passiert man malerische Dörfer.

Rechte Seite: Flanieren und Sonnetanken am See.

läuft ein Netz aus vielen Gässchen. Mit dem Cabrio würde man hier steckenbleiben, deshalb parkt man am besten auf der Hauptstraße. Beinahe an jeder Ecke befindet sich ein kleines Café oder Ristorante. Touristen löffeln, an die steinernen Wände gelehnt, den Milchschaum vom Cappuccino. Eine Visite wert ist der in venezianischer Gotik erbaute Palazzo dei Capitani. Er befindet sich im Ortskern direkt am See. Der aus dem 15. Jahrhundert stammende Bau war einst Sitz des venezianischen Gouverneurs vom Ostufer, der abwechselnd in Garda, Torri und Malcesine resi-

dierte. Zur Seeseite hin breitet sich ein kleiner, idyllischer Palmengarten mit einer Anlegestelle aus, über die der Capitano seine damals feudale Behausung mit dem Schiff erreichen konnte.
Von Malcesine aus fährt auch eine Seilbahn bis auf 1800 Meter Höhe auf das berühmte Monte-Baldo-Massiv hinauf – eine schöne Aussichtsterrasse auf den Gardasee.

Prachtvolle Palazzi

Bei Torri del Benaco breitet sich die glitzernde Seefläche immer mehr aus. Hinter einer Landzunge liegt Garda, der Ort, der dem See seinen Namen gab. Im Mittelalter hatte Garda dank Karl des Großen die Rechtsprechung über das gesamte umliegende Gebiet inne. Prachtvolle Palazzi zeugen noch heute von dem Einfluss der venezianischen Herrschaft.
Einen noch berühmteren und klangvolleren Namen als Garda hat der Ort Bardolino. Weinliebhaber verweilen gern, wird hier doch der gleichnamige rote Tropfen gekeltert. Die Trauben dazu gedeihen im milden Klima an den umliegenden Hängen. Schon die Römer – darunter kein Geringerer als Julius Cäsar – schätzten den trockenen, rubinroten Saft der Trauben. Namenspatronin des Ortes war der Überlieferung nach die germanische Prinzessin Bardoli. Im Jahr 807 wurde er das erste Mal urkundlich erwähnt.

Das Olivenöl

Das Olivenöl, das am Gardasee gewonnen wird, ist »Extravergine«, also besonders rein und von bester Qualität. Die Ursprungsbezeichnung »DOP Garda« mit Angabe des geografischen Produktionsgebiets – »Orientale«, »Bresciano«, »Trentino« – garantiert die Qualität des Produkts. Der Säuregehalt des Gardasee-Olivenöls liegt nicht über 0,7 %. Je niedriger der Säuregehalt, desto besser die Qualität.
In der kulinarischen Tradition rund um den Gardasee spielt das Olivenöl eine wichtige Rolle. In den Plantagen in den Hügeln baumeln unzählig viele Früchte an den dünnen Zweigen. Die Produktion ist schon seit Jahrhunderten ein wichtiger Erwerbszweig.
Die Italiener schwören auf die gute Verdaulichkeit und die Heileigenschaften des Olivenöls. Ihm wird nachgesagt, dass es den schädlichen Anteil von Cholesterin im Blut verringert, das Risiko eines Arterienverschlusses vermindert sowie Blutdruck und Blutzuckerspiegel senkt. So wird in der italienischen Küche nicht mit dem Öl gespart. Spaghetti werden »con olio et aglio« serviert, also mit viel Olivenöl und Knoblauch. Gemüse wird darin eingelegt und konserviert, Salate werden angemacht – und von den Alten wird es täglich sogar noch pur getrunken: ein Schnapsglas auf die Gesundheit!

Im Idealfall hat man von seinem Hotelzimmer aus einen herrlichen Blick auf den See.

Temperamentvoll italienisch

Der Landstraße folgt man weiter bis zur Südspitze des Sees. Über Lazise und Peschiera gelangt man nach Desenzano, mit 20 000 Einwohnern der größte Ort am Gardasee. Hier sprudelt das italienische Leben. In den Arkaden direkt am Hafen sind zahllose Geschäfte sowie auch die Touristeninformation untergebracht. Dahinter öffnet sich die Ostseite des Sees.

Die Straße führt nun von der blauen Oberfläche des Sees weg und hinein ins Hinterland, wo sie sich durch das Valtenesi schlängelt. Der Obst- und Gemüseanbau hat hier seit Jahrhunderten Tradition. Die Gegend ist auch bekannt für ihren Wein- und Olivenanbau. Die Trauben, die an den Reben reifen, erhalten später mal das Etikett »Garda Classico D.O.C.«.

Das Städtchen Salò liegt am Ende der tief ins Landesinnere hineingezogenen Bucht. Ab hier schmiegt sich die Straße wieder an den Gewässerrand. Richtung Gargagno bestimmen steil ins Wasser abfallende Berge das Landschaftsbild. Kein Weg führt durch die Felsen hinauf, aber entlang der Straße fährt man via Tunnel durch die gewaltigen Riesen.

Limone ist, wie es der Name schon besagt, bekannt für seinen Zitronenanbau. Doch eigentlich ist der Name auf das lateinische Wort »limes« (Grenze) zurückzuführen. Bis zum Ende des Ersten Weltkriegs lag der Ort an der italienischen Grenze zu Österreich. Zwei Jahrhunderte lang lebte er als das nördlichste Zitronenanbaugebiet der Welt vom Export der damals seltenen Früchte. Heute ist wie in allen anderen Gardaseeorten auch der Tourismus die Haupteinnahmequelle.

Durch Tunnel, die an vielen Stellen zum See hin geöffnet sind, geht es weiter nach Riva. Im schönen, alten Hafen kann man bei einer großen Portion Eis die Tour ausklingen lassen.

Die Weinkultur

Der »Bardolino Classico« ist der namhafteste Rotwein am See: rubinrot, trocken, leicht bitter im Unterton, nach der Ernte vier Jahre ausgereift.

Die Trauben, aus dem der »Valpolicella« gewonnen wird, reifen jenseits der Etsch in Richtung Verona. Experten stellen ihn noch über den »Bardolino«: kräftiger im Geschmack und allgemein langlebiger. Er hat einen Stammplatz auf den Weinkarten am See.

Ebenso beliebt ist der im trentinischen Etschtal heimische »Marzemino«. Ihm wird ein beaujolais-ähnlicher Charme mit zartem Mandelgeschmack nachgesagt.

Südlich von Peschiera sind die Lagen »Colli Morenici Mantovani del Garda«. Dort reifen die Trauben für Rot- und Weißwein. Der »Bianco« ist dem Veroneser Soave sehr ähnlich.

Bekannt ist auch der »Tocai di San Martino della Battaglia«, der an der Südspitze des Sees zu finden ist: zitronengelb, blumig, trocken, mit leichtem Bittermandelgeschmack.

Zum Reben-Großareal zählt östlich und südöstlich von Peschiera der »Lugano«. Dieser Wein genießt den Ruf des besten »Biancos« aus dem Gebiet Garda–Verona.

Eine Besonderheit im Sarca-Tal (hinter Arco) ist der »Vino Santo«, eine bernsteinfarbene Spätlese aus weißen Nosiola-Trauben. Sie werden sechs Monate auf Holzregalen (im Dialekt »Arele« genannt) halb getrocknet, in abgedichteten Fässern gelagert und – so der Brauch – am Karsamstag gekeltert. Das Ergebnis ist der »heilige Wein«. 100 kg frische Trauben ergeben etwa 10 l Dessertwein. Qualitätsbewusste Weinbauern lagern ihn dann noch mindestens drei Jahre in »Caratelli«, kleinen Eichenfässern.

Abstecher zum Lago di Ledro

In Riva folgt man der B240 Richtung Lago di Ledro. Früher erreichte man das Tal auch noch über eine schmale Straße, die sich abenteuerlich den Berg hinaufwand. Heute beginnt der Ausflug zum knapp drei Kilometer langen See mit einem Tunnel. Die Strecke und die Idylle danach entschädigen für die zunächst düstere Fahrt.

Hinter Biacesa schlängelt sich die Straße durch grünes Hügelland, über dem die Ausläufer der Trentiner Alpen thronen. In 20 Minuten hat man den türkisblauen Bergsee erreicht. Er ist 2,8 Kilometer lang und 1,2 Kilometer breit. Das auf knapp 700 Höhenmetern gelegene Gewässer ist kälter als der Gardasee, dafür aber auch weit weniger touristisch. Wer den See umrunden mag, hält sich in Pieve di Ledro Richtung Campingplatz.

Dahinter beginnt eine schmale Straße, auf der man die bewaldete Seite des Sees erkunden kann. Am Ostufer des Lago di Ledro stehen unzählig viele dunkelbraune Holzpfähle. Forscher datieren ihre Herkunft auf das Jahr 1700 v. Chr. zurück. Während der Bron-

Hier endet die Straße. Zu Fuß weiter zum Monte Baldo

Rechte Seite: Wenn der Wind bläst, bevölkern sie den See: Segler und Surfer.

zezeit lebten hier Menschen (die kaum größer als 1,56 m waren) in einem Pfahlbautendorf, das sich über 4500 Quadratmeter erstreckte (s. Tipp). Sie lebten von Landwirtschaft und Fischfang, produzierten Keramik und Webwaren, trieben Handel und hatten einen ziemlich hohen Lebensstandard. Die Pfähle kamen zum Vorschein, als 1929 durch das Ponale-Kraftwerk in Riva der Wasserspiegel abgesunken war.

Der Lago di Ledro ist weit weniger von Touristen heimgesucht als sein großer Nachbar.

Tipp

Pfahlbauten in Molina di Ledro: Siedlung 2000–1800 v. Chr.; geöffnet 16.6.–10.9. von 10–13/14–18 Uhr und 11.9.–15.6. von 9–13/14–17 Uhr, montags geschlossen.

Allerorten ankern in den Buchten viele kleine Boote.

Abstecher zum Monte Baldo

Etwa 300 Meter hinter Castelletto di Brenzone biegt man auf ein schmales Bergsträßchen Richtung Prada ab. Für zwei Autos ist auf der Strecke kaum Platz, man sollte daher vorsichtig fahren und vor unübersichtlichen Kurven auf die Hupe drücken. Durch Wald geht es nach oben. Die Straße ist abschnittsweise nicht mehr geteert, der Kies spritzt unter den Reifen weg. Das Laub links und rechts der schmalen Piste wuchert beinahe ins Auto. Man hat das Gefühl, sich ducken zu müssen, um nicht von Zweigen gestreift zu werden. Noch abenteuerlicher wird es bei Gegenverkehr: Ausweichmöglichkeiten sind vor allem im Wald rar. Da bleibt nur zu hoffen, dass der Entgegenkommende den Rückwärtsgang einlegt …

Ab Prada hält man sich Richtung Covalli. Der Bewuchs wird immer lichter, nur noch sanftgrünes Weidengras dominiert. Wie ausgesetzt wirken die wenigen Kühe in der Höhenlage, die sich dicht an der Straße ihre Nahrung zupfen. Man folgt der Strecke, bis sie abrupt auf 1911 Metern Höhe in einer Wiese endet. Vor der Windschutzscheibe baut sich das Monte-Baldo-Massiv auf – noch fern, aber dennoch erreichbar. Man kann den Wagen hier stehen lassen und sich auf eine etwa zweieinhalbstündige Wanderung bis ganz nach oben begeben – auf 2053 Metern Höhe lädt eine bewirtschaftete Hütte zur Rast ein.

Der Gardasee

Der Gardasee (ital. »Lago di Garda«) ist mit 370 km^2 der größte See Italiens. Er ist 52 km lang und 17,5 km breit. Den Namen hat der See von der Burg oberhalb des Ortes Garda, der Rocca di Garda. Sie war Verwaltungszentrum des »territorio gardense«, wie eine Urkunde des Langobardenkönigs Liutprand (712–744) belegt. Der Gebietsbegriff dürfte im Wandel der Zeiten auch für den See übernommen worden sein. In vielen Karten wird aber auch immer noch der Titel »Lago di Benaco« genannt. Namensgeber ist angeblich ein Anführer und Seher der in Toscolano siedelnden gallischen Cenomanen namens Acus.

Im Norden recht schmal und von steilen Felsufern begrenzt, verbreitert sich der See weiter südlich und ist dort von flachen Ufern umgeben. Er ist an den beiden Seiten von den Südalpen flankiert: vom Monte-Baldo-Massiv und von den Brescianer Vorbergen. An der tiefsten Stelle misst der See 364 m. Hauptzufluss im Norden ist die Sarca, südlicher Abfluss ist der Mincio bei Peschiera.

Politisch unterliegt der See den Provinzen Trento, Verona und Brescia. Zur Reinhaltung des Wassers sind von den Anlegerprovinzen Ringkanalisationen geschaffen worden, gekoppelt an moderne Kläranlagen. Jährlich registriert man rings um den See 14 Mio. Übernachtungen.

10 »Dolce Vita« auf Eis

Italiens Geheimtipp zwischen Fels und Eis

■ Etappen:
Bozen (Autobahnausfahrt »Nord«) – Nova Ponente – Nova Levante – Carezza al Lago – Fassa – Canazei – Passo di Pordoi – Arabba – Livinallongo del Col di Lana – Alleghe – Agordo – Belluno
■ Anreise:
Ausgangspunkt Bozen: ab München A 8 bis Inntaldreieck, A 93/A 12 bis Innsbruck, Brennerautobahn A 13/A 22 bis Bozen-Nord
■ Länge:
Ca. 150 km
■ Dauer:
2 Tage gemütlich (ab Bozen)
■ Essen & Trinken:
Neben Pizza und Pasta stehen Polenta und Minestrone, Wild und deftige Fleischgerichte auf der Speisekarte. Es gibt Vorspeisen aus einheimischen Produkten (Rüben, Kartoffeln, Kräutern, Käse) sowie Süßspeisen wie Strudel, Kuchen mit Waldbeeren, Quark, Äpfeln oder Pinienkernen – und natürlich Eis.

Bozen

Der gotische Stadtkern von Bozen lockt mit Geschäften unter Lauben und dem Bozener Dom aus dem 13. Jh. Geöffnet Mo–Fr von 9.45–12/14–17 Uhr, Sa von 9.45–12 Uhr.

Über die Große Dolomitenstraße ins venezianische Belluno: Die Belluneser Dolomiten sind ein Geheimtipp. Oben erlebt man im Cabrio eine felsige Landschaft mit Ausblick auf das ewige Eis – und im Tal in Venetien das »Dolce Vita« Italiens.

Im Norden von Bozen befindet sich der Eingang ins Eggental, dem Startpunkt der Großen Dolomitenstraße, die bis Cortina d'Ampezzo verläuft. Die 110 Kilometer lange Panoramastraße war ein Geschenk der Bewohner an Kaiser Franz-Joseph I. zu dessen 50-jährigem Regierungsjubiläum; allerdings wurde sie erst 1909 zu seinem 60. Geburtstag eingeweiht.

Ist es auf dem Brennerpass noch bitterkalt, die Natur noch kahl, hat hier die Frühjahrssonne die Bäume schon zum Blühen gebracht. Rosa sprießt es am Straßenrand in Karneid, an den Zweigen sind schon die ersten grünen Blätter zu sehen. Nur wenige Hundert Meter später vergisst man beinahe, dass Frühling ist; nur die milde Luft, die ins Cabrio strömt, erinnert noch daran. Nach einem kurvenreichen Waldstück wachsen links und rechts mächtige Felsen in den Himmel. Zum großen Teil sind die graubraunen

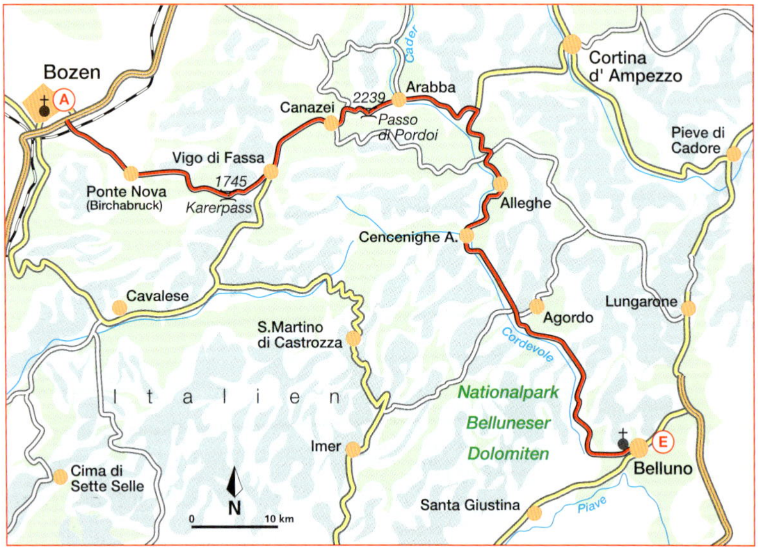

Kurz hinter Bozen beginnt die Große Dolomitenstraße, eine Panoramastrecke durch das Herz der zackigen Gipfel Norditaliens.

Riesen von Drahtnetzen überzogen – man braucht sich also keine Sorgen machen, dass einem das Oben-ohne-Erlebnis zum Verhängnis werden könnte.
Kleine Orte folgen: Birchabruck (Nova Levante) und Welschnofen (Ponte Nova). Zwischen den einfachen Häusern im schnörkellosen norditalienischen Stil finden sich neue, reichlich mit Holz verzierte Domizile. Tafeln mit »Camere/Zimmer« werben um Übernachtungsgäste. Nicht die Massen, aber einige Touristen kommen der Lage wegen hierher – es sind nur wenige Kilometer bis ins Zentrum von Bozen, und von hier ist es auch nicht mehr weit bis zu den berühmten Skigebieten der Dolomiten.

Zackiger Straßenverlauf

Je höher die Straße ansteigt, desto kühler wird es. Große Tannen ragen in den Himmel. Die Straße verläuft immer zackiger, die Kurven nehmen zu. Langsam schraubt man sich zum Passo Costalunga (Karerpass) hinauf. Auf der Strecke passiert man den großen Komplex des Grand-Hotel »Carezza«. Auf 1752 Metern Höhe ist man am Pass angelangt, verlässt damit auch Südtirol und fährt hinab und hinein in die Gipfelwelt des Dolomitenlands. Linker

■ Unterkunft:
In Bozen: Rentschnerhof*** (mit ca. 20 Zimmern ist das Hotel angenehm klein, es liegt in der Nähe der nördlichen Autobahnabfahrt/Ausgangspunkt der Tour), Via Rencio 70, I-39100 Bozen, Tel. +39/(0)471/97 53 46, www.rentschnerhof.com
In Carezza: Grand Hotel Carezza*** (ansprechender Hotelpalast direkt an der Passstraße), Via Carezza al Lago 141, I-39056 Carezza, Tel. +39/(0)471/61 21 27, www.grandhotelcarezza.it
In Belluno: Hotel Delle Alpi*** (in der Nahe der Altstadt gelegen, mit schöner Atmosphäre, komfortabel), Via Tasso 13, I-32100 Belluno, Tel. +39/(0)437/ 94 05 45, www.dellealpi.it

■ Sehenswürdigkeiten:
Nationalpark der Belluneser Dolomiten: Der Park umfasst eine Fläche von 32 000 ha unberührter Natur mit Schluchten, Wäldern, Wiesen und Felsen. Parco Nazionale Dolomiti Bellunesi, Piazzale Zancanaro 1, I-32032 Feltre, Tel. +39/ (0)439/33 28, www.dolomitipark.it
Belluno: Einer der außerordentlichsten Plätze Italiens: die Piazza dei Martiri mit Laubengängen, Renaissancehäusern und dem Dom Santa Maria Assunta

■ **Informationen:**
Südtirol Marketing, Pfarrplatz 11, I-39100 Bozen, Tel. +39/0471/99 38 08, www.suedtirol.com; Fremdenverkehrsbüro Belluno, Via R. Psaro 21, I-32100 Belluno, Tel. +39/0437/940 08 34, www.commune.belluno.it

Hand erhebt sich die fast 3000 Meter hohe Rosengartenspitze. In den Abendstunden oder am frühen Morgen kann man hier ein Naturschauspiel erleben: das Alpenglühen. Das unter- oder aufgehende Licht der Sonne färbt die hellen Felsen in Nuancen aus Rot, Orange, Rosa und Gold. Für das »Erröten« der Felsen haben die Ladiner einen besonderen Namen: »enrosadüra«.

Bis Canazei sollte man eigentlich den Autopiloten einschalten – wenn man ihn denn schon erfunden hätte. Rundherum gibt die Straße den Blick auf die prächtigen Riesen der Dolomiten frei, ganzjährig schimmern die Spitzen weiß. Auf 1465 Metern Höhe liegt Canazei, ein Ort, der vom Wintersport lebt. Eine Gondel gleitet hoch ins Skigebiet – auf der Straße geht es etwas holpriger auf den Passo di Pordoi. Im Winter ist die Strecke gesperrt, dann türmt sich hier meterhoch der Schnee; erst ab Mai dürfen die Bergfans wieder die Kehren zählen. Unzählige Male muss man kräftig ins Lenkrad greifen, um den Wagen um 180 Grad zu drehen.

Auf 2239 Metern Höhe kann man dann die Finger wieder entspannen. Hier verläuft die Grenze zur Region Venetien, und im Norden erblickt man die Sella-Gruppe, im Osten die Ampezzaner Dolomiten. Auf der Plattform bläst ein kräftiger Wind, Schneereste laden zu einer Schneeballschlacht ein. Daneben steht ein kleiner Schrein mit einer Madonna – die Pracht der Dolomiten lehrt Gottesfurcht.

Bevor es wieder nach unten geht, empfiehlt sich denn auch ein Stoßgebet, dass die Bremsen nicht versagen mögen: Über 30 Kehren müssen bezwungen werden. Dabei passiert man Skiorte wie Arabba und Alfauro, wo im Winter alle Betten ausgebucht sind, denn Schnee ist dem Ort immer sicher.

Allgegenwärtig: tiefer Glaube

Je weiter man sich von den weißen Gipfeln hinweg ins Tal bewegt, desto ursprünglicher werden die Dörfer. Die Reli-

giosität der Italiener ist allgegenwärtig, jeder noch so kleine Ort hat eine Kapelle. An den Straßenecken sind ins Mauerwerk Schreine für Madonnen eingelassen oder sie zieren blumengeschmückte Kreuze.

Hinter Livinallongo del Col di Lana muss man sich Richtung Alleghe und Belluno halten. Den nächsten größeren Ort, Agordo, kann man auch über den Passo Duran erreichen. Hinter Dont leitet eine schmale Straße den Fahrer noch einmal hinauf auf gut 1600 Meter. Die direkte Strecke ist weniger aufregend: kleine Dörfchen, markant darunter Caprile.

Auch die Ladiner sind in den Dolomiten zu Hause. Ihr Anteil an der Bevölkerung ist über die Jahrzehnte beträchtlich geschrumpft. Sie kämpfen aber dennoch für den Erhalt ihrer Kultur und Sprache. Das schwer verständliche Ladinisch stammt vom Latein ab. Die Urbevölkerung der Räter übernahm im 5. Jahrhundert die Sprache der neuen römischen Landesherren. Die Römer verschwanden, die Rätoromanen blieben. In Südtirol profitieren die Ladiner von der Autonomie, die ihre sprachlichen und kulturellen Besonderheiten schützt. In den Provinzen Belluno und Trient haben sie nur minimale Sonderrechte.

Hinter einer Kurve in der Ortsdurchfahrt stehen mehrere alte Holzhäuser mit großen Balkonen – eigentlich gar nicht typisch für diese Region, die sich eher in Stein präsentiert. Kurz darauf erreicht man Alleghe. Unter den schroffen Wänden der Civetta schimmert der grüne Bergsee, in dessen Wasser sich das Dorf auf

Die Einfahrt ins Eggental ist gerahmt von steil aufragenden Felsen.

Linke Seite, oben: Im Winter ist das Gebiet rund um den Passo Pordoi ein Eldorado für Skifahrer.

Linke Seite, unten: Im Frühjahr bleibt die weiße Pracht noch lange liegen.

Die Piazza dei Martiri in Belluno

Rechte Seite: Schöne Kurven geleiten uns auf 2239 Meter.

der Halbinsel spiegelt. Den idyllischen See hat Alleghe einer Naturkatastrophe im Jahr 1771 zu verdanken: Eine Gerölllawine vom Monte Piz schnitt den Lauf des Flusses Cordevole ab, sodass sich das Wasser an den Gesteinsmassen staute und acht kleine Siedlungen überschwemmte.

»Prächtige Stadt« Belluno

Im Tal wird die karge, felsige Landschaft wieder von grünen Wiesen abgelöst. Ab Agordo nähert man sich entlang dem Fluss Cordevole der Stadt Belluno. Beinahe vor jedem zweiten Haus, so hat es den Anschein, werben Schilder mit »Ristorante/Pizzeria« und »Camere«. Die breite Straße zur Hauptstadt des Piave-Tals ist eher eine Durststrecke; dafür wird man aber durch die venezianisch geprägte Stadt, die man kurze Zeit später erreicht, voll entschädigt. Belluno, die »prächtige Stadt«, verdankt keinem Zufall ihren Namen. Mit dem Cabrio kann man, um einen ersten Überblick zu gewinnen, einen kurzen Streifzug durch die schmalen Straßen der Innenstadt machen.

Im Zentrum kann man bis an den Rand einer der außerordentlichsten Piazzas Italiens fahren, der Piazza dei Martiri. Der Platz ist den Opfern der »Resistenza« gewidmet. Hier steht auch die im 16. Jahrhundert erbaute Kirche S. Rocco. Vor den apricotfarbenen Palazzi sind die Tischchen der Straßencafés aufgereiht. Unter steinernen Lauben kann man an den Auslagen der kleinen, exklusiven Geschäfte entlangschlendern. Rings um den Dom reihen sich prächtige Paläste aneinander, die in der Spätgotik und in der Renaissance erbaut wurden. Mit seinem Laubengang, den Balkonen und Bogenfenstern ist der 1491 erbaute Palazzo dei Rettori auf der Piazza del Duomo einer der edelsten. In dem heutigen Rathaus residierten vom 15. bis zum 18. Jahrhundert unter der Herrschaft Venedigs die Statthalter. Auch ein Blick in den Dom Santa Maria Assunta aus dem 16. Jahrhundert lohnt sich, vor allem wegen der Krypta.

Nach einem Bummel durch das Städtchen, das übrigens das Straßennetz des römischen Bellunum im heutigen Straßenverlauf bewahrt hat, schlendert man über die Piazza delle Erbe und die palastgesäumten Prachtstraßen Via Mezzaterra und Via Rialto zum nördlichen Stadttor, der Porta Doiona. Zurück an der Piazza dei Martiri verlocken dann die Cafés mit ihrem Blick auf das lebhafte Treiben der Stadt zu einer Pause. Am nördlichen Horizont über der Stadt sieht man die Schiara-Gruppe des Nationalparks der Belluneser Dolomiten. Die Wucht des weiß bedeckten Monte Schiara erinnert an die Landschaft des Himalaja und lockt uns wieder hinaus in die Natur.

Tiefe Schluchten, sanfte Wiesen

Der Nationalpark der Belluneser Dolomiten wurde 1993 gegründet und umfasst eine Fläche von 320 km^2. Er befindet sich auf einer Mittel- und einer Hochebene zwischen den Tälern Cismon und Piave, dem Mae-Tal und dem niedrigen Teil des Agordo-Tals. Das Gebirge besteht aus den Vette di Feltre, Feruch-Monti del Sole (zwischen dem Mis- und dem Cordevole-Tal), Schiara, Pelf und Talvena.

Das gesamte Gebiet ist außergewöhnlich wild und sehr reich an Kontrasten: tiefe Schluchten und sanfte Wiesen, steile Wände und zerbröckelnde Bergspitzen, märchenhafte Wälder und undurchdringliches Latschenkieferngebüsch wechseln sich ab. Von Belluno aus kann man die imposanten Dolomitenwände des Schiara und die Grashügel des Serva bestaunen.

Innerhalb des Parks befinden sich zwei künstliche Seen: Mis und La Stua. Die Flora des Gebietes zählt 1500 Arten, darunter sehr seltene Pflanzen. Genauso vielfältig st die Fauna: Man trifft auf Gämsen, Rehe und Hirsche, Adler, Auer- und Steinhühner. Seit einiger Zeit leben hier auch wieder Raubtiere wie Luchs und Bär.

Aus jüngerer Zeit findet man die Überreste menschlicher Siedlungen wie Almen und einfache Ställe, Maultierpfade, Minen und Mineralmanufakturen für die Produktion von Kalk und die Herstellung von Holzkohle.

Orts- und Sachregister

Impressum

Verantwortlich: Sabine Klingan
Redaktion: Anette Späth, Breisach
Layout: Eva-Maria Klaffenboeck, grafikatelier luk, München
Repro: Chromika, Verona
Kartografie: Heike Boschmann, Computerkartografie Carrle, München, Anneli Nau, München
Herstellung: Barbara Uhlig
Printed in Italy by Printer Trento

★★★★★

Sind Sie mit diesem Titel zufrieden? Dann würden wir uns über Ihre Weiterempfehlung freuen. Erzählen Sie es im Freundeskreis, berichten Sie Ihrem Buchhändler, oder bewerten Sie bei Onlinekauf. Und wenn Sie Kritik, Korrekturen oder Aktualisierungen haben, freuen wir uns über Ihre Nachricht an J.Berg Verlag in der Bruckmann Verlag GmbH, Postfach 40 02 09, D-80702 München oder per E-Mail an lektorat@verlagshaus.de

Unser komplettes Programm finden Sie unter www.j-berg-verlag.de

Alle Angaben dieses Werks wurden von der Autorin sorgfältig recherchiert und auf den aktuellen Stand gebracht sowie vom Verlag geprüft. Für die Richtigkeit der Angaben kann jedoch keine Haftung übernommen werden.

Wir danken der BMW Niederlassung München / Filiale Fröttmaning für die freundliche Überlassung des BMW Cabrios, und der BMW Group München für die Überlassung des MINI Cabrios.

Bildnachweis: Alle Fotos im Innenteil und auf dem Umschlag von Petra Gagel, Thilo Kreier und Malte Wernig
Umschlagvorderseite: Auf der Kaunertaler Gletscherstraße
Umschlagrückseite: Fahrt über die Piller Höhe

Die Deutsche Nationalbibliothek verzeichnet diese Publikation in der Deutschen Nationalbibliografie; detaillierte bibliografische Daten sind im Internet über http://dnb.d-nb.de abrufbar.

Aktualisierte Neuauflage

ISBN 978-3-86246-064-9